CRISTÃOS SEM VERGONHA...

YAGO MARTINS

CRISTÃOS SEM VERGONHA...

... DE FAZER PERGUNTAS DIFÍCEIS AO PASTOR SOBRE **SEXO, NAMORO E CASAMENTO**

PREFÁCIO DE RODRIGO BIBO

NOVO CÉU

Todos os direitos reservados © 2024 por Yago Martins

Direitos de edição da obra adquiridos pela Novo Céu, selo da Editora Nova Fronteira Participações S.A. Todos os direitos reservados. Nenhuma parte desta obra pode ser apropriada e estocada em sistema de banco de dados ou processo similar, em qualquer forma ou meio, seja eletrônico, de fotocópia, gravação etc., sem a permissão do detentor do copirraite.

Todas as referências bíblicas utilizadas nesta obra foram baseadas na Nova Versão Internacional (NVI), a não ser quando expressamente indicado.
Alguns relatos foram adaptados ou modificados para garantir a privacidade e a segurança das pessoas citadas.

Editora Nova Fronteira Participações S.A.
Av. Rio Branco, 115 - Salas 1201 a 1205 - Centro - 20040-004
Rio de Janeiro - RJ - Brasil
Tel.: (21) 3882-8200

Dados Internacionais de Catalogação na Publicação (CIP)

```
E82g   Martins, Yago

          Cristãos sem vergonha.../ Yago Martins; prefácio por
       Rodrigo Bibo. – 1. ed.– Rio de Janeiro: Novo Céu, 2024.
          152 p. ; 15,5 x 23 cm

          ISBN: 978-65-84786-22-6
          1. Virtudes e valores – cristianismo. I. Título.

                                              CDD: 220
                                              CDU: 270
```

Conheça outros títulos da editora Novo Céu:

André Felipe de Moraes Queiroz
Bibliotecário – CRB-4/2242

Para os jovens da Igreja Batista Maanaim,
que vocês cresçam diariamente em força e
vigor espiritual, com graça e conhecimento.

SUMÁRIO

PREFÁCIO 9

APRESENTAÇÃO 13

SEXO
Sexo antes de se casar 19
Carícias além do limite 22
Ele olha para outras mulheres 25
Devemos falar sobre sexo? 28
Masturbar para aliviar? 31
Sexo no noivado é pecado? 33
Dúvidas sobre sexo oral 35
Troca de casais 38
Vídeos pornográficos 40
Pornografia no celular 42
Uso de Viagra e afins 44
Sexo anal 46

NAMORO E NOIVADO
Mulher pode tomar a iniciativa? 51
Tempo de oração 54
Idade certa para namorar 57
Casar cedo 60

Primeiro encontro	63
Beijei outro rapaz	66
Ele é bem mais velho	68
Contatos físicos	71
Jejum pelo namoro	74
Namoro à distância	77
Pagando as despesas	80
Não sei se ela gosta de mim	83
Será que vou ficar sozinho?	86
Sou tímida demais	89
Namoro evangelístico existe?	92
Beijo no namoro	95
Será que já estou pronto?	98
Quando namoro vira noivado?	101
Jugo desigual	104

CASAMENTO

Pais podem ajudar?	109
Namoros curtos	111
Civil ou religioso?	113
O que devo procurar numa esposa	116
Morar perto dos sogros	119
Ele beijou outra mulher	121
Brinquedos eróticos	124
Divisão de orçamento	127
Passei a me reprimir	130
Violência doméstica	133
Papai e mamãe	137
Casal crente pode ir a motel?	140

AGRADECIMENTOS   143

PREFÁCIO

Às vezes, a gente cresce e esquece que já foi um adolescente cheio de medos e incertezas com muitos hormônios e muitas perguntas, e passa a achar meio bobeira as crises dessa fase da vida. Esquecemos que, naquele tempo, procurávamos respostas em tudo quanto é canto e referência. Isso não mudou, ainda hoje os adolescentes e jovens cristãos procuram respostas e, em se tratando de namoro, noivado, casamento e sexo, me parece que as dúvidas continuam as mesmas.

Por isso, este novo livro do pastor Yago Martins (isso mesmo, você piscou e o Yago lançou um novo) é necessário. Ele faz esse exercício de levar a sério os dilemas da vida do jovem crente. Como eu disse acima, ao ler algumas das perguntas que ele respondeu aqui, meu primeiro instinto foi este: "Nossa, esse pessoal está muito perdido, olha essa pergunta aqui, não pode ser!" Mas, num segundo momento, lembrei meu tempo de juventude e como foi importante os mais velhos terem amor e paciência com meus dilemas.

Nessa fase, a gente realmente precisa receber mentoria e ser conduzido (aliás, acho que não existe uma fase em que não precisemos de discipulado). São tantos estímulos e tantas direções que recebemos da cultura secular que, se não tivermos balizas que reflitam a cultura bíblica, perderemos aquilo que Deus deixou para nós. E é muito fácil ser engolido pela cultura, tanto que muitos líderes religiosos são, e passam a relativizar vários comportamentos no âmbito relacional e sexual.

E acho que é por isso que as palavras do Yago às vezes soam antiquadas para alguns, pois ele não tem medo de assumir esse lugar de dizer: "Sugiro que você faça isso, isso e aquilo; eu entendo que a Bíblia ensina assim. Vá por esse caminho." Você pode não concordar com todas as conclusões do Yago sobre esses temas, eu mesmo não fecho em tudo com ele, mas admiro sua coragem de se posicionar com firmeza em temas tão delicados. Ele não tem medo de se colocar como orientador desses jovens. Aliás, ele toma cuidado para não rivalizar com pastores locais, deixando muito claro que cada igreja tem a sua cultura e que é importante respeitar esse lugar. Contudo, Yago não se esconde, sabe que tem influência no meio cristão e a usa para transmitir suas ideias.

A internet proporciona, com mais intensidade e alcance, o que antes livros, revistas, CDs e DVDs faziam. Quem tem a minha idade (41) e teve sua juventude na igreja já viu alguma palestra do Jaime Kemp em DVD com certeza — se não viu, estava na igreja errada. (Hahaha!) Sério: seus seminários, livros e DVDs rodaram o Brasil ensinando princípios bíblicos sobre namoro, noivado, casamento e sexo. Mas por que estou falando isso? Porque realmente a internet e todo o conteúdo que ela disponibiliza na palma da mão são um desafio para a igreja local; afinal, o membro não ouve somente seu pastor, mas tem uma miríade de ideias à sua disposição. Contudo, meio que sempre foi assim, ainda que em menor quantidade e intensidade.

Portanto, precisamos de pessoas com bom conteúdo na internet assumindo esse lugar de influencer cristão. Os jovens não só precisam disso, como estão a todo momento procurando respostas nos mais variados lugares e meios. Portanto, acho louvável ter este livro que traz para o impresso aquilo que estava somente no virtual. Dessa forma, o conteúdo ganha mais alcance e acessibilidade. Fora o fato de que, para estudar, um livro em cópia física ainda continua sendo uma ótima opção.

Nas próximas páginas, você será conduzido pelo pastor Yago Martins em temas que ocupam um tríplex na cabeça de muitos jovens. Ao longo dos anos respondendo a perguntas sobre namoro, sexo, casamento — nem sempre nessa ordem —, Yago pôde lapidar bastante suas respostas. Por isso, perguntas complexas ganham respostas curtas, que vão direto ao ponto, e ainda mantêm a seriedade e a profundidade que a questão requer. Gostei também que o livro mantém o humor e a sagacidade do Yago dos vídeos; isso faz toda a diferença e parece mesmo que estamos assistindo a ele numa sabatina em retiro de jovens. Então, papel e caneta na mão e bora pensar essas fases dos relacionamentos humanos numa perspectiva bíblica, teológica e pastoral.

Rodrigo Bibo
Criador do Bibotalk e autor do livro *O Deus que destrói sonhos.*

APRESENTAÇÃO

Quando eu comecei o programa *Pergunte ao pastor* no meu canal do YouTube, o Dois Dedos de Teologia, eu só queria um programa fácil de fazer. Meus vídeos sempre focaram o desenvolvimento de temas teológicos e na interpretação dos idiomas originais da Bíblia, mas o ritmo de produção na internet começou a cobrar uma quantidade maior de vídeos semanais — e, convenhamos, fazer exegese de hebraico acaba sendo um pouco demorado. Então pensei que responder de improviso a perguntas dos inscritos poderia preencher bem a agenda do canal enquanto eu preparava os vídeos mais parrudos.

Acontece que o programa se tornou o carro-chefe do que produzo na internet. Responder questões comuns de cristãos comuns se tornou uma missão para mim, uma forma de tirar a teologia de sua torre de marfim e trazê-la à realidade do chão de igreja.

Ao longo dessa jornada, descobri que as perguntas mais intrigantes muitas vezes surgem nos momentos mais inesperados. O que começou como uma solução prática para o desafio de manter um cronograma de produção transformou-se em uma experiência enriquecedora de aprendizado mútuo. As questões que chegam até mim refletem as complexidades da fé cristã vivida no mundo contemporâneo, e é essa interseção entre teologia e vida cotidiana que desejo explorar neste livro.

O que você vai encontrar aqui é uma compilação das principais respostas que dei nos últimos anos sobre namoro, relacionamento, noivado, casamento e sexo. Muitas perguntas aqui são um pouco absurdas para alguns, mas representam dúvidas reais de cristãos que amam o Senhor e precisam de orientação. As respostas, embora dadas de improviso, provêm de anos de estudo teológico acadêmico e serviço pastoral na igreja. Aqui neste material, tudo foi desenvolvido, organizado e referenciado para que se justifique como obra literária, indo além dos vídeos para redes sociais. Mesmo assim, mantivemos o tom oral e descontraído.

Cada pergunta é um convite para uma jornada, uma busca por compreensão e orientação no labirinto da existência. À medida que mergulhamos nas nuances do namoro, relacionamento, noivado, casamento e sexo, é inevitável confrontar aspectos profundos da fé e da humanidade. Este livro não busca fornecer respostas definitivas para cada situação, mas abrir portas para a reflexão, encorajando os leitores a explorar sua fé de maneira mais autêntica e pessoal.

Ao compilar essas respostas, meu objetivo é oferecer uma fonte de apoio e sabedoria prática para aqueles que buscam um entendimento mais profundo das interseções entre espiritualidade e relacionamentos. Cada parte do livro, dividido em várias perguntas, é uma jornada por si só, repleta de *insights* que transcendem as barreiras do dogma, convidando os leitores a considerarem a complexidade e a beleza inerentes à vida cristã — mas, ainda assim, fundamentados em uma visão bíblica, ortodoxa e radical da fé que, de uma vez por todas, foi entregue aos santos.

Que este livro não seja apenas uma leitura, mas uma conversa contínua, um diálogo aberto sobre os aspectos cruciais da vida que, muitas vezes, permanecem nas sombras da religiosidade enfeitada. Que ele sirva como um farol, guiando os leitores através das águas tumultuadas dos relacionamentos, proporcionando clareza em meio às incertezas e inspirando uma jornada mais profunda em direção à verdade e ao amor.

Espero que edifique a vida daqueles que não têm vergonha de questionar sobre temas tabu.

SEXO

Eu e meu namorado estamos juntos há mais de dois anos. Como nossos pais confiam em nós, permitem que saiamos de carro no fim de semana para irmos ao cinema ou ao shopping. E fizemos um acordo para permanecer puros até o casamento. No início, conseguimos nos controlar, mas, com o tempo, as carícias foram ficando mais quentes e acabamos fazendo sexo, embora não sejamos casados ainda. O que namorados devem fazer depois de caírem em tentação?

Eu poderia dizer que a primeira coisa a fazer depois de cair no pecado sexual é tomar um bom banho, talvez jogar o preservativo no lixo. Mas é claro que essa resposta tem alto teor de ironia, e o assunto é muito sério. Posso ver que você, como cristã (e imagino que seu namorado também), está se sentindo terrivelmente culpada por ter feito algo que ofende a Deus. Logo depois de você satisfazer as vontades da carne, seus desejos sexuais, o que vocês experimentaram imediatamente? A culpa. E o que é que vocês fazem ou deveriam fazer depois disso?

Primeiramente, os dois devem buscar o Senhor em oração e colocar diante dele o seu erro com toda sinceridade e arrependimento. Não escondam nada nem tentem encontrar justificativas. Sejam bem honestos: "Senhor, nós desonramos o teu nome. Entendemos perfeitamente que te ofendemos e que tomamos uma decisão completamente idiota e errada. Nós permitimos que as vontades e os impulsos pecaminosos tomassem conta de nosso relacionamento. Sabemos que foi algo que te desonrou, assim como nós dois desonramos um ao outro. Precisamos de teu perdão, da tua misericórdia."

Essas são as duas primeiras estações que precisamos percorrer depois de cair em pecado: a do arrependimento e a da confissão. É nelas que a gente vai depositando o peso da culpa. É claro que isso só vai acontecer se o coração de vocês estiver realmente convencido da gravidade do pecado que cometeram. "Sendo assim, aproximemo-nos de Deus com um coração sincero e com plena convicção de fé, tendo os corações aspergidos para nos purificar de uma consciência culpada e tendo os nossos corpos lavados com água pura" (Hebreus 10:22). Note que o conselho sobre o banho também está incluído neste versículo.

Tendo feito essa oração sincera de confissão, fruto de arrependimento genuíno, a viagem ainda não terá terminado. Está na hora de passar para a terceira estação, que é se comprometer diante de Deus (e um diante do outro) a não voltar a pecar. Para isso, antes de assumir esse compromisso em oração, vocês devem antes conversar sobre o que aconteceu e como devem agir a partir de agora. Ou seja, criem um pacto entre vocês sobre quais os limites de cada um, as circunstâncias que precisam evitar, as carícias que não devem mais fazer, os lugares que não podem frequentar e assim por diante. Se vocês abusaram da liberdade que os pais de vocês deram, então é melhor que não saiam mais sozinhos de carro. Se um beijo mais demorado descamba para algo mais tórrido, então procurem não passar do famoso *selinho*. Ou nem isso.

Depois de tomadas essas decisões, aí é hora de apresentar esse compromisso diante de Deus e pedir ao Senhor que ajude vocês a cumprir tudo o que combinarem. "Pai, fizemos uma coisa errada, mas não queremos permanecer no erro. Aquilo pode ter proporcionado prazer para o nosso corpo, acalentado nossas emoções, mas prejudicou nossa espiritualidade e nos afastou do Deus vivo. Entendemos que tua misericórdia e tua graça estão sobre aqueles que se arrependem e confessam, mas também sabemos que tu esperas de nós uma nova atitude. Por isso, queremos apresentar a ti o pacto de santidade que estabelecemos um com o outro, e pedimos tua ajuda e teu poder para colocar em prática todas essas coisas. Não queremos voltar a pecar, não queremos voltar a sentir o peso da culpa que esse erro coloca sobre nós, por isso pedimos que nos ajude a te honrar, mantendo um relacionamento santo e irrepreensível."

A quarta estação dessa jornada é buscar apoio e ajuda de pessoas experientes e sábias. Podem ser seus pais, seus pastores, um líder de jovens em sua igreja, amigos confiáveis, enfim, pessoas que podem ajudar vocês dois na luta contra o pecado e ajudar a tomar as decisões necessárias para lidar com isso. Conheço uma pessoa que, depois de cair no pecado sexual com a namorada, procurou os pais dela para contar: "Eu fiz isso com sua filha, foi errado, estou arrependido. Vocês são autoridade sobre a vida dela, por isso sei que pequei contra vocês também." Foi uma atitude muito honrada, muito nobre.

Se essa pergunta estivesse sendo respondida algumas décadas atrás, certamente a resposta incluiria casamento instantâneo e imediato. É assim que nossos avós e bisavós devolveriam a honra que foi quebrada com a sexualidade fora do matrimônio. Hoje em dia, é incomum que pais obriguem os filhos a se casar imediatamente por ter "desonrado" a filha alheia. E sinceramente, não sei se isso é melhor ou pior; se a cultura avançou ou retrocedeu. De qualquer modo, o casamento precisa ser considerado com seriedade depois que vocês consumaram algo que só seria apropriado quando vivido no matrimônio.

Resumindo, é isso: arrependimento, confissão, procurar se consertar com Deus e com o outro, pedir ajuda nessa luta contra o pecado e considerar o casamento na vida de vocês.

Estamos namorando há algum tempo, e passamos a ter algum tipo de intimidade física. São carinhos que vão além do beijo e do abraço, como tocar e estimular as partes íntimas um do outro. Sabemos que isso não é correto, pois nos faz sentir culpados depois, principalmente nos dias da Ceia do Senhor. Devemos confessar esse pecado para receber orientação ou é melhor manter esse tipo de situação em sigilo?

Esse é o tipo de situação que muitos casais de namorados ou noivos evangélicos enfrentam. Talvez seja a mais comum, principalmente quando se trata de jovens ou adolescentes. Afinal de contas, são duas pessoas que se gostam (ou, pelo menos, é o que se espera), e há muitos hormônios envolvidos nessa relação. Antes, porém, de entrar em sua pergunta, quero enfatizar um ponto que faz toda a diferença: o que você e seu namorado chamam de "namoro" é uma construção social, uma espécie de etapa intermediária entre a condição de solteiros e a de casados que hoje é aceita pela sociedade, mas que não será encontrada na Bíblia.

Calma, não se assuste com essa afirmação. Como mencionei, o namoro é visto como algo natural, principalmente do século passado para cá. A cultura criou esse conceito e ele foi sendo assimilado. Mas na Bíblia não existe esse "caminho do meio", esse "vestibular" para o casamento, no qual não dá para fazer tudo que duas pessoas casadas fazem em termos de sexo, mas dá para fazer algumas coisas, ir até certo ponto. Se você pensar no namoro como algo assim, estará bem longe de um relacionamento espiritualmente sadio, que agrade ao Senhor. A Bíblia deve ser sempre a referência para qualquer coisa em nossa vida. A Palavra é a última palavra. Acontece que, sendo uma característica de nossa cultura atual, o namoro é uma realidade, e precisamos entender qual deve ser o nosso comportamento como cristãos verdadeiros diante dessa, digamos, "imposição" cultural.

Se olharmos para as orientações da Bíblia, toda expressão física de afeto entre um casal deveria acontecer a partir do casamento — e o noivado, biblicamente falando, já era um compromisso de união. Até porque, dependendo de cada pessoa, mesmo um beijo ou um abraço pode despertar impulsos sexuais mais intensos. Não é uma questão simples, não é matemática, não existe uma equação. Mas uma coisa é certa: a culpa que vocês estão sentindo é porque estão em pecado. Não tem como minimizar. Se essas carícias que dão tanto prazer também fazem vocês se sentirem tão mal depois, então alguma coisa está errada. E está mesmo: a Bíblia determina que a vida sexual, sejam as carícias ou a relação propriamente dita, é uma bênção restrita a pessoas casadas.

Então eu imagino que, se vocês são cristãos comprometidos com sua fé, devem orar a Deus para confessar esse pecado e pedir que o Senhor os ajude a lidar com isso que estão passando. E estão certos ao fazer isso. Mas, pelo jeito, voltam a cair no mesmo erro depois por falta de apoio de alguém capaz de ouvir, de aconselhar e de orar junto. Por isso, o mais importante é que vocês recebam orientação de pessoas que tenham experiência e autoridade bíblica. Vocês precisam de acompanhamento pastoral bem próximo, alguém em quem ambos confiem, que conheça o caráter dos dois e seja capaz de avaliar o coração de vocês, conversar e entender o que está acontecendo.

Manter tudo em segredo não é saudável, como você mesmo relata. A sensação de culpa continua lá, criando um problema para a comunhão de vocês com Deus. Veja como o escritor do salmo 32 se expressou:

> Enquanto escondi os meus pecados, o meu corpo definhava de tanto gemer. Pois de dia e de noite a tua mão pesava sobre mim; minha força foi se esgotando como em tempo de seca. Então reconheci diante de ti o

meu pecado e não encobri as minhas culpas. Eu disse: "Confessarei as minhas transgressões ao Senhor", e tu perdoaste a culpa do meu pecado. (v. 3-5)

Busquem o conselho de uma pessoa de Deus, experiente e sábia, para ajudá-los a entender como se arrepender corretamente do pecado, como crescer em santidade e saber o que fazer com o relacionamento de vocês no meio disso tudo. Orem com essa pessoa. Há algumas igrejas que até designam um pastor, um líder ou outro casal adulto para trabalhar com jovens como vocês. Geralmente são pessoas que já viveram bastante, passaram pelas mesmas situações e se tornaram boas conselheiras.

Meu namorado sente atração por outras mulheres. Ele tenta disfarçar, mas já percebi ele olhando para mulheres bonitas que passam na rua e até para uma ou duas irmãs da igreja. Eu sinto ciúmes, mas ele diz que isso é normal e que não preciso me preocupar porque ele é fiel. Isso é normal?

Vamos partir de um princípio básico para analisar essa questão específica: um homem sentir atração por mulheres só quer dizer que ele é heterossexual. Não significa outra coisa. Seu namorado, como qualquer homem heterossexual e cisgênero, se der vazão aos seus impulsos masculinos, aos seus desejos, vai sentir atração por outras mulheres. Faz parte da saúde masculina dele — se ele não sentisse esse tipo de atração, não estaria namorando você, percebe?

Agora, uma coisa é sentir atração; outra coisa diferente é dar vazão a esses impulsos quando um homem olha, cobiça e sai à caça de outras mulheres. Isso não é só pecado por não se controlar; é machismo e misoginia também. Se com a frase "sentir atração por outras mulheres" você quer dizer que seu namorado fica *secando* elas na rua, se ele fica vendo pornografia, se fica dando *like* em foto de mulher de biquíni em rede social e se fica comentando sobre o corpo das mulheres, aí, minha querida, você tem realmente um problema. Esse cara é um safado sem-vergonha e sem respeito, e você precisa terminar esse relacionamento.

Você deve ter uma coisa clara em seu entendimento: se ele age dessa maneira, vai dar vazão a esses impulsos tanto agora, durante o namoro, quanto no noivado, e até no casamento. Ou você acha que isso já não está na índole dele? Se ele faz isso sendo membro da igreja, está em pecado e precisa se arrepender, mas você não vê nenhum sinal disso, pule fora. E, se o sujeito nem tem compromisso com Jesus, aí mesmo é que não vai se preocupar com você ou seu sentimento — vai seguir o roteiro do mundo e tratar toda mulher como objeto. Inclusive você.

Sei que tem gente que argumenta até dentro do ambiente da igreja: "Homem é assim mesmo. A mulher precisa ser paciente e orar." Esse tipo de pensamento carrega dois erros absurdos de uma só vez. O primeiro é tentar justificar esse tipo de atitude masculina como sendo "normal" ou "natural", e que não há nada que possa ser feito. Nada disso! O que a Bíblia recomenda a qualquer pessoa é que controle seus impulsos. Provérbios 25:28 diz que a pessoa que não consegue dominar suas paixões é como uma cidade com muros derrubados, quer dizer, qualquer coisa pode entrar e dominar o coração de um homem que não levanta barreiras para se defender de seus desejos pecaminosos.

O segundo erro é colocar a mulher nessa situação de passividade, de conformismo, como se ela não pudesse exigir a fidelidade do marido tanto quanto ele pode exigir a dela. Você até pode entender que seu namorado, por ser homem, tem uma tendência a apreciar o sexo oposto, mas não é obrigada a tolerar se ele assume um comportamento inadequado e desrespeitoso. Na carta aos efésios, Paulo diz: "Maridos, amem suas mulheres, assim como Cristo amou a igreja e entregou-se a si mesmo por ela para santificá-la, tendo-a purificado pelo lavar da água mediante a palavra, e apresentá-la a si mesmo como igreja gloriosa, sem mancha nem ruga ou coisa semelhante, mas santa e inculpável" (versículos 25-27). O homem que se compromete com uma mulher — e o namoro cristão deve ser encarado como algo sério, não uma brincadeira — deve a ela o mesmo amor e respeito que Cristo dedicou à Igreja.

E, se você ainda não está convencida, veja o que Paulo diz mais adiante nesse mesmo trecho de Efésios: "...os maridos devem amar as suas mulheres como a seus próprios corpos. Quem ama sua mulher, ama a si mesmo. Além do mais, ninguém jamais odiou o seu próprio corpo, antes o alimenta e dele cuida, como também Cristo faz com a igreja..." (versículos 28-29). A obrigação de seu namorado é cuidar de você, e isso inclui seus sentimentos. Se esse jeito dele de admirar outras mulheres a deixa chateada, converse com ele e fale de seu incômodo. Pode ser que ele realmente não queira nada com outras mulheres, ame você e mude o comportamento. Mas se ele vier com papinho do tipo "não tem nada de mais nisso" ou "homem é assim mesmo", então pode ser uma sinalização de que esse namoro vai terminar em decepção. No fim das contas, não é só uma questão de ele não respeitar você como mulher, é também não respeitar Jesus Cristo como Senhor e Salvador.

Eu amo minha namorada, creio que ela também me ama e estamos realmente fazendo planos para nos casar no futuro. Só que tenho um pouco de receio de falar com ela sobre sexo, e acho que isso é importante para que a gente possa se entender melhor, conhecer nossas expectativas. Acha que devo entrar nesse assunto com ela?

Não só acho como considero absolutamente essencial. Sei que muita gente discorda, que vai ter muito pastor e irmã de oração dizendo que isso não é conversa para namorado nem para noivo e que esse papo sobre sexo é só para pessoas casadas. Eu discordo. O que a gente mais vê por aí é casal frequentando gabinete pastoral cheio de dúvidas, ou então para reclamar que o cabra é bruto, que a mulher é fria, que um ou os dois não conseguem se satisfazer sexualmente e assim por diante. Várias dessas questões poderiam ser discutidas antes do casamento. Assim, os noivos não entrariam no casamento com tantas dúvidas e tantos bloqueios.

A questão é como essa conversa deve acontecer: o que deve ser discutido, em que contexto e com que grau de explicitude, de abertura. Uma conversa desse tipo é muito delicada. Falar sobre assuntos relacionados à vida sexual não se resume a comentar o que gostaria de fazer na cama quando os dois se casarem. Envolve também abrir o coração sobre medos e dúvidas relacionados à sexualidade, talvez até traumas e fetiches. E, em se tratando de um casal cristão, há pontos inegociáveis ou que podem gerar algum conflito de ideias. Há um risco muito grande de que aquilo que começa como uma conversa franca descambe para a baixaria, para o desrespeito ou para o constrangimento. Por isso, a dica que eu dou é que os namorados ou noivos abordem essa questão do sexo preferencialmente acompanhados de lideranças em um contexto de discipulado, aconselhamento ou curso de noivos. "Yago, falar de sexo acompanhado? Como assim?"

É isso mesmo. O que vocês vão conversar que não pode ser falado na presença de um casal de conselheiros ou do pastor da igreja? Veja bem, não estou dizendo que vocês devem sair convidando a primeira pessoa que aparecer pela frente para acompanhar esse papo tão íntimo e importante. Também entendo que não é o tipo de conversa fácil de se ter na presença de pais, de parentes ou de amigos que não tenham maturidade para participar e ajudar. Na verdade, o ideal é encontrar um casal que reúna os prerrequisitos básicos para acompanhar esse tipo de diálogo: sejam cristãos, casados há muito tempo, demonstrem experiência, sabedoria e conhecimento da Palavra e saibam ser bons ouvintes. Eles provavelmente já erraram o suficiente na vida para aprender o que não dá certo e oferecer o melhor aconselhamento. Além disso, a própria Bíblia diz que onde sobra conselhos não falta sabedoria (Provérbios 11:14). Mas lembre-se de que essas pessoas precisam ser de absoluta confiança. Um versículo antes desse que acabei de citar diz que "quem muito fala trai a confidência, mas quem merece confiança guarda o segredo". Trata-se de um tema muito particular que só diz respeito a vocês dois. Você pode questionar: "Então é impossível ter uma conversa madura sobre sexualidade no namoro sem alguém perto?" Bem, impossível não é, mas é muito fácil a gente se enganar e pressupor que está preparado para certas coisas sem realmente estar.

Mesmo sendo favorável a essa conversa prévia entre namorados ou noivos, principalmente com essa supervisão de um casal de conselheiros, reconheço que fico cabreiro com um tipo de papo que não é muito saudável: aqueles com promessas ou cobranças, tentativas de estabelecer o que você quer fazer com outra pessoa para garantir que suas expectativas ou seus desejos sejam priorizados. Esse é um caminho errado. E isso é mais comum entre os homens do que entre as mulheres. Eles querem assegurar que as regras para a vida sexual do casal sejam as deles. Pode até acontecer entre as mulheres, mas é menos frequente porque eles usam a justificativa de que, biblicamente falando, são a cabeça do casal. Isso é apropriação indevida do texto bíblico. Além de colocar pressão sobre o futuro cônjuge, esse tipo de atitude pode até gerar insegurança e medo. A pessoa pode achar que nunca será capaz de satisfazer a outra, ou então vai se sujeitar a alguma coisa que não se sente confortável para fazer. E, mais uma vez, ter bons conselheiros por perto nessa hora pode fazer a diferença.

Meu namorado e eu estamos nos guardando para o casamento, mas é bem difícil. Às vezes, as carícias vão esquentando e está cada vez mais difícil parar. Há pouco tempo decidimos nos masturbar antes de nossos encontros para diminuir esse desejo. O senhor acha que esse é um recurso para aliviar esse impulso sexual até o casamento?

Ai, Senhor, por onde eu começo? Acho que a melhor maneira de definir isso é assim: vocês estão escolhendo o pecado para evitar o pecado. Não tem outro jeito de dizer. "A gente não quer pecar sexualmente. Então, o que fazemos? Vamos pecar sexualmente para não pecar sexualmente!" Que lógica é essa? Isso não é santidade, é legalismo. Escolher um pecado para evitar outro significa que você criou uma hierarquia, isto é, escolheu uma coisa que considerou menos ruim para não fazer a outra que, em sua avaliação, é mais grave. "Se eu pecar com o meu namorado, é ruim, então vou escolher outra coisa que eu considero um pecado menor para me ajudar a resistir ao maior." Mas, no que diz respeito à sua relação com Deus e à sua busca por santidade, qual é a grande diferença, afinal de contas? O máximo que aconteceu foi você escolher algo socialmente menos condenável, mas, em termos espirituais, vocês estão deliberadamente escolhendo o caminho do pecado e da autogratificação sexual do mesmo jeito.

Vocês precisam vencer o pecado por meio da atuação do Espírito Santo na vida dos dois, da busca pela santificação, da dependência de Deus. O que é da carne só vai alimentar o que é carnal. No fim das contas, vocês estão criando uma cultura de autogratificação pecaminosa que vai escalando e acumulando um sentimento de culpa que tende a afastá-los do Senhor. E não somente isso: também pode acabar afastando vocês um do outro a ponto de inviabilizar um casamento que poderia ser saudável. Imagine os dois casados e, por algum motivo, precisam ficar um tempo sem relações íntimas — um dos dois faz uma viagem longa ou a esposa tem um filho e precisa passar por um período de resguardo, entre outras situações. Como é que fica? O que é que sobra? Mais pecado, se vocês não conseguem se controlar e precisam de mais pecado para se satisfazer.

Uma coisa é certa: vocês não estão se edificando nem crescendo espiritualmente com essa atitude. Se as carícias estão escalando e está cada vez mais difícil se controlar, entrem na fila porque vocês não são os únicos que passam por isso. Só que namorados ou noivos com um relacionamento maduro e uma espiritualidade sólida buscam alternativas. Por exemplo, vocês podem reduzir os contatos físicos, evitar ficar sozinhos, procurar sair na companhia de outras pessoas, dar preferência a carinhos mais simples, como um beijo na bochecha em vez de agarramentos torrenciais e frequentes, entre outras coisas. Não tem nenhum segredo aí. Basta vocês serem inteligentes, espertos, não se colocando em situações que favoreçam o pecado. Se organizem de tal maneira que a vida e o namoro de vocês glorifiquem a Deus de uma maneira plena.

Veja bem, santidade não se resume a não transar. Em um relacionamento, seja namoro, noivado ou casamento, santidade é buscar viver uma vida próxima de Deus e tudo que essa decisão implica. Mal comparando, é como entrar em um restaurante a quilo, encher o prato de picanha com dois dedos de gordura, um pastel nadando no óleo, linguiça, toucinho e outros alimentos que engordam, mas não comer a sobremesa para manter a dieta e perder peso. Ora, a quem a pessoa está enganando? Só a ela mesma. O fato de evitar o doce não significa que ela está cumprindo o objetivo mais importante, que é fazer dieta para perder peso. Apenas substituiu a sobremesa por outras coisas igualmente calóricas. Portanto, a resposta à sua pergunta inicial é esta: não, a masturbação antes de vocês se encontrarem não é um recurso biblicamente lícito para aliviar o impulso sexual.

Mesmo noivo, sexo antes do casamento é pecado? Pergunto isso porque antigamente não tinha essas coisas de cerimônia. Eu e minha noiva estamos realmente comprometidos em nos casar, e já nos sentimos espiritualmente ligados.

Essa pergunta é simples de responder: sim, é pecado. A Bíblia estabelece a conjunção carnal entre homem e mulher apenas dentro do contexto de casamento. Você vê isso desde a criação do casamento. Veja como o texto de Gênesis 2:24 é claro: "Por essa razão, o homem deixará pai e mãe e se unirá à sua mulher, e os dois se tornarão uma só carne." Não tem espaço aqui para outra interpretação — Deus estabelece que o homem precisa sair do ambiente em que foi criado para se unir a uma mulher e formar um novo núcleo familiar. Só depois disso é que se tornam uma só carne. Já está na ordem certa para não dar margem à confusão. É verdade que, nos primórdios, não havia um ritual de casamento religioso, como temos hoje em dia, nem tinha cartório para registrar o casamento civil, mas havia um momento claro e bem definido a partir do qual o rapaz e a moça saíam de suas casas para formar uma família nova. Lembra que Jacó teve de trabalhar anos para se casar com Raquel? Ele não entrou na casa de Labão e saiu carregando sua amada no ombro. Ela estava prometida a Jacó, mas a união só foi efetivada depois de cumprido o acordo. (Não vou entrar aqui no mérito da malandragem de Labão para casar Lia primeiro; é outro assunto.) Mesmo sem cerimônia, havia uma formalidade. Fica implícito que o sexo entre os dois só ocorreu depois que Jacó levou Raquel para sua casa.

Agora imagine se a vida sexual fosse liberada naquele tempo. Se hoje os casos de problemas na gravidez e de doenças sexualmente transmissíveis já são um problema, imagine naquele tempo, em que não havia remédios nem tratamento. Deus não apenas providenciou o prazer para homem e mulher, como também definiu a circunstância e o ambiente mais propício para um casal se relacionar sexualmente. Embora a Bíblia tenha relatos de outras situações, como o próprio Jacó, que se casou com Lia antes de Raquel, ou Salomão, que tinha esposas e concubinas, você vai ver que a poligamia nunca representou o padrão moral de Deus. O Antigo Testamento sinaliza que o padrão para o casamento é este: um homem e uma mulher que saem dos lares onde foram criados e formam um novo núcleo familiar.

A gente também vê isso em toda a Teologia do Novo Testamento. Há várias orientações na Epístola aos Hebreus, assim como em cartas de Paulo. Por exemplo, em 1Coríntios 7, o apóstolo deixa claro que só dentro de uma união de casamento é que existe a entrega real de vida do marido para a mulher, e vice-versa. Essa é a condição que justifica a entrega de corpo. E não há nenhuma abertura para outra interpretação. "...por causa da imoralidade sexual, cada homem deve ter relação sexual com a sua própria esposa, e cada esposa, com seu próprio marido. O marido deve cumprir os deveres sexuais com sua mulher e, da mesma forma, a mulher, para com o seu marido" (versículos 2-3). Preste atenção ao início desse texto, "por causa da imoralidade sexual": o sexo é permitido para o marido e a mulher. Isso quer dizer que o casamento é a maneira que Deus providenciou para que um casal possa se envolver numa relação íntima sem cair em pecado. Vou repetir aqui: o ambiente de sexo seguro é o casamento. Em outras palavras, sexo fora do casamento é "imoralidade sexual" e, portanto, pecado diante de Deus.

Meu amigo, noivado não é casamento, assim como namoro não é casamento e relação sexual casual sem compromisso também não é casamento. Você provavelmente está ansioso para poder desfrutar de noites de prazer e alegria com sua noiva, mas a notícia que eu tenho para dar é que vai ter de esperar. Mas também posso garantir que vai valer muito a pena.

Sou noiva e minha família toda é de crentes pentecostais. Um dia desses, minha mãe me chamou para ter uma conversa sobre coisas que a mulher pode ou não fazer depois de casada, e disse que sexo oral é algo sujo. Mas a Bíblia diz que o corpo do marido é da esposa e o da esposa é do marido, certo? Sendo assim, caso um dos dois deseje fazer ou receber sexo oral, isso é pecado?

Não. Minha intenção não é duvidar ou questionar a experiência de sua mãe, mas, levando em conta o que as Escrituras dizem, o sexo oral, por si só, não é pecado. Siga o raciocínio: o pecado é uma transgressão da lei, correto? Se você examinar o Antigo Testamento e o Novo Testamento, não vai encontrar um texto que afirme que o sexo oral é pecado. Para algumas igrejas mais conservadoras, qualquer coisa diferente do "papai e mamãe" é pecaminoso. Se as pessoas que frequentam essas denominações acham que devem agir dessa forma, isso é entre elas e Deus. "Assim, seja qual for o seu modo de crer a respeito destas coisas, que isso permaneça entre você e Deus. Feliz é o homem que não se condena naquilo que aprova" (Romanos 14:22). Mas dizer que existe um ou mais versículos bíblicos que condenam outras posições sexuais ou o sexo oral, isso você não vai encontrar. O que a Bíblia orienta é que haja bom senso, isto é, o casal deve evitar coisas que criem constrangimento ou mal-estar, que possam machucar ou que sejam anti-higiênicas. Efésios 5:28-29 ensina que os dois devem tratar o corpo um do outro como se estivessem tratando do próprio corpo. Um cuida do outro com amor.

Por isso, quando você se casar com seu noivo (não antes disso, combinado?), o sexo oral pode fazer parte da intimidade de vocês, desde que ambos concordem e se sintam à vontade para praticá-lo. Na verdade, se lermos o livro de Cantares, já no primeiro capítulo vamos encontrar uma descrição sobre esse tipo de prática sexual no livro. Por exemplo, quando a mulher, a Sulamita, fala por intermédio de metáforas que ela gosta de sentar-se aos pés de seu amado e pôr do seu fruto na boca, trata-se da descrição de um ato sexual, uma posição sexual muito específica que é justamente a que foi questionada aqui, ou seja, o sexo oral. Esse mesmo capítulo diz que todo lugar é bom para fazer amor, até a relva, e que os beijos e as carícias — que podem ser interpretadas aqui como as preliminares do ato sexual — "são mais agradáveis que o vinho". Pois é, às vezes, a gente consegue ser mais careta do que a Bíblia.

Porém — e sempre tem um "porém" — é preciso que tanto o homem quanto a mulher tenham em mente que o sexo oral, assim como qualquer outra coisa que os dois decidam que podem e querem fazer, precisa ser um ato de mútua gratificação. É importante que, dentro do contexto sexual, haja esse esforço para que ambos sejam amados e servidos sexualmente. Essa história de homem que só pensa no próprio prazer e, quando chega lá, vira para o lado e deixa a mulher insatisfeita é de um machismo absurdo. Note que a mulher tem voz no livro de Cantares, e ela também fala de seus desejos, muitas vezes usando metáforas para expressá-los. Os dois — a Sulamita e o parceiro — falam de sua expectativa de que o outro proporcione prazer e satisfação. O sexo entre pessoas casadas é uma coisa divina, santa, pura e que deve ser encarada como bênção. O texto de 1Coríntios 7 é um bom balizador acerca dessas questões sobre sexualidade.

Acontece que as pessoas podem ter tipos de criação diferentes, ou então passaram por algum tipo de experiência que causou uma mágoa ou um trauma. E o parceiro deve ser compreensivo quanto a isso. Se um dos dois (ou ambos) sente algum tipo de constrangimento, bloqueio ou vergonha, procurem conversar a respeito. Tentem entender o que originou essa situação e como podem se ajudar. Nada de forçar a barra. Tem coisas que só o tempo e a paciência resolvem. E não há vergonha nenhuma em pedir ajuda a pessoas experientes e sábias. Pode ser que uma terapia, aliada a conselhos, colabore nesse processo. Coloquem o amor e o cuidado com o outro acima de qualquer interesse pessoal. Depois de casados, sua mãe não precisa saber o que você faz na cama com seu marido — graças a Deus por isso!

Meu marido ultimamente tem falado sobre um amigo casado que participa com a esposa de festas nas quais há troca de casais, e que isso melhorou o casamento deles. Sinto que é uma insinuação para que a gente também experimente isso, que não tem problema quando os dois concordam, mas não consigo pensar nisso sem associar a adultério. Um casal cristão pode fazer isso?

Olha, vamos ser bem cristalinos em relação a isso: o objetivo do amigo ao tentar convencer seu marido a participar desse tipo de coisa é pegar você! Essa história de melhorar casamento com troca de casais é conversa fiada, papo para boi dormir. E o boi aqui será seu marido, que vai ganhar um belo par de chifres! Que bom que você pensa nisso como adultério, porque é adultério, sim, senhora! E, para sua pergunta, a resposta é um sonoro: "Não!" É claro que um casal cristão não pode se meter em uma coisa dessas, de jeito nenhum. Nem que a vaca tussa! (Já que estamos falando de bois.) Sei que estou usando muitos pontos de exclamação, mas é para enfatizar o tom mesmo. A ideia aqui é responder a todo tipo de pergunta, mesmo que a resposta seja óbvia demais. É difícil de acreditar, mas existe mesmo gente de cabeça fraca que pode se deixar convencer quando alguém vem com esses papinhos de cerca-lourenço.

Então, vamos esmiuçar a questão: é evidente que troca de casais não é uma prática lícita para casais cristãos porque é um adultério. Veja bem, até um adultério consentido pelo marido ou pela esposa, como é o caso de quem participa desse tipo de reunião, não deixa de ser adultério e, por isso, biblicamente condenável. Não é questão de interpretação ou ponto de vista — é adultério e ponto. Eu conheci um homem que tinha um desses casamentos abertos, como se fala hoje em dia. Ele podia sair e transar com quem quisesse, a mulher também. Os dois concordavam com essa situação, mas nem por isso deixava de ser um absurdo. Dentro da ética cristã, há um ideal bem claro de monogamia no qual você, seus desejos e seu corpo são exclusivamente de seu cônjuge. O texto de 1Coríntios vai falar que eu deixei de ter a posse sobre meu corpo e o entreguei à minha esposa, e vice-versa. Agora somos um do outro. Paulo pergunta: "Vocês não sabem que os seus corpos são membros de Cristo? Tomarei eu os membros de Cristo e os unirei a uma prostituta? De modo nenhum!" (6:15). E a ideia de prostituição é justamente a do leito maculado, como alerta Hebreus 13:4: "O casamento deve ser honrado por todos; o leito conjugal, conservado puro; pois Deus julgará os imorais e os adúlteros." Um leito onde a sexualidade não é vivida para a glória do Senhor é pecado, é adultério, é errado. Se olho com desejo para uma mulher que não é a minha, já adulterei no coração.

A Escritura fala de um padrão de intimidade conjugal único e de exclusividade, no qual somos como um jardim fechado. "Eu sou do meu amado, e o meu amado é meu" (Cantares 6:3). Veja também a relação entre Adão e Eva: Deus criou o homem para a mulher e a mulher para o homem. Por isso, não faz sentido nenhum trazer o pecado para dentro de seu relacionamento como uma forma de melhorá-lo. E digo mais: o que foi que gerou ruptura entre Adão e Eva, de modo que o Senhor diz a ela que seu desejo seria para o marido e ele a dominaria (Gênesis 3:16)? Foi o pecado. O que fez com que os dois sentissem vergonha um do outro? O pecado. Sendo assim, se o seu casamento precisa de algum tipo de ajuda, não é o pecado que vai fazê-lo melhorar — pelo contrário, o que ele produz é destruição. Portanto, se um homem ou uma mulher que vive no mundanismo vem dizer que o pecado melhorou o casamento dele ou dela, simplesmente está demonstrando e confirmando que é uma pessoa guiada por valores mundanos. Você, como cristã, não é uma pessoa deste mundo nem vive segundo os valores dele. Sua referência é a Palavra de Deus. Se tem alguma coisa que pode melhorar cada vez mais seu casamento, é a obra do Espírito Santo na vida conjugal.

Eu e minha mulher tínhamos uma vida sexual muito ativa no início do casamento, mas, depois de um tempo, o fogo foi esfriando. Então um irmão da igreja que passou pelo mesmo problema sugeriu que assistíssemos a vídeos pornográficos para aumentar a excitação. Isso é pecado?

Meu amigo, não surfe na onda desse seu irmão da igreja porque é pecado, sim, senhor. Assistir a vídeos pornográficos, mesmo que seja uma decisão tomada de comum acordo dentro da intimidade do casal, é como trazer a imagem sexual de terceiros para dentro de sua casa e de seu relacionamento. Na prática, você dirige seu desejo para outra mulher que não é sua, assim como sua esposa aponta o desejo dela para outro homem, e não o marido. Entenda que contemplar a nudez e a sexualidade de outra pessoa é ir contra a ideia bíblica de exclusividade no que diz respeito à vida conjugal. E tem mais: isso é terrível até para a qualidade da intimidade física de vocês dois. Quer dizer que agora vocês vão passar a depender da intimidade de terceiros para que possam encontrar algum tipo de excitação ou de satisfação sexual? Você está dizendo que o tal "fogo" que esfriou só pode ser atiçado de novo se tiverem que assistir a outras pessoas transando? Perdoe a minha sinceridade, mas chega a ser humilhante que a sexualidade de vocês já não baste mais um ao outro. Para virar um vício é dois palitos.

"Mas, Yago, não somos mais jovens. Com o tempo, caiu no tédio." Ora, então vocês resolvam isso entre si. Usem a criatividade. Há tantas coisas biblicamente lícitas que um casal pode fazer para recuperar o ímpeto sexual. O que não podem fazer é usar o pecado como recurso para tratar a questão da intimidade física de vocês. Se precisa de apoio, busque conselheiros cristãos. Se é uma questão psicológica, tem muitos especialistas capazes de ajudar. Se o problema é físico, há medicamentos e tratamentos muito eficientes hoje em dia. Além disso, tentem investir mais tempo um no outro. Falem de seus desejos, do que sentem falta, dos melhores momentos que tiveram e tentem descobrir o que pode ter acontecido. Não é muito raro um casal chegar à conclusão de que perdeu a libido simplesmente porque se deixou levar pela rotina, e isso é bem mais fácil de resolver, já que depende apenas da iniciativa de vocês para mudar.

Só não entre nessa argumentação de que precisam de filmes pornográficos para se excitar. Isso, com frequência, é uma desculpa para dar vazão a uma inclinação pecaminosa, e arrisco dizer que esse é provavelmente o problema desse irmão que lhe deu essa sugestão infeliz. Não precisa nem fazer muito esforço para entender o que está errado nisso. Imagine o seguinte: como é que esse tipo de filme é produzido? Alguém contrata um homem e uma mulher que provavelmente não são casados e se dispõem a tirar a roupa para ter relações sexuais sem compromisso diante de uma equipe técnica que vai filmar aquele ato que, por si, já é pecaminoso. Aí o sujeito pega aquele filme, faz um monte de cópias e vende aquelas imagens com o consentimento dos supostos atores. Ou seja, o negócio já não presta na origem. Então vem alguém e resolve pagar por aquela pouca vergonha, ou seja, ainda financia essa indústria na qual, de uns tempos para cá, passaram um verniz e chamam de "entretenimento adulto". Ora, tenha a santa paciência! Sem contar que, de tanto ficar vendo homens bombados, mulheres siliconadas e transas fantasiosas e inalcançáveis, você e sua mulher podem começar a se achar cada vez mais desinteressantes sexualmente.

Se alguma coisa está faltando em seu casamento, você e sua esposa dispõem de todos os recursos para resolver. E, se precisarem de ajuda, não hesitem em buscar o conselho de pessoas sábias, de seu pastor e até a ajuda de terapeutas ou médicos. Meu irmão, não é esse "fogo estranho" que vai atiçar de novo a brasa de sua vida a dois.

Sou casado, fiel à minha esposa, mas não deixei de gostar de pornografia. Assisto a vídeos no celular e isso me excita, mas também deixa uma sensação de culpa. O que devo fazer para controlar essa tendência?

Gostei do uso da palavra "tendência". E o que a pessoa precisa fazer para controlar essa tendência ao pecado? As primeiras coisas de que você precisa são arrependimento diante de Deus e fé em Cristo Jesus. Isso é fundamental para que aprendamos a lidar com nossos pecados. Se você não se sentir genuinamente arrependido de seu erro, entendendo que esse comportamento ofende o Deus vivo e vai contra a sua Palavra, e se não tiver fé na obra perfeita de Jesus Cristo na cruz para remissão de nossos pecados e no meio necessário para alcançarmos o perdão, então ainda não terá dado o primeiro passo para o processo que deseja. Porém, se seguir esse caminho, o passo seguinte é o da confissão. Você precisa confessar seu pecado à sua esposa e pedir perdão. Nem adianta vir com a desculpa de que é fiel a ela — uma pessoa que diz não ter outras mulheres, mas que fica assistindo a outras pessoas transando, não é tão fiel assim.

A terceira etapa desse processo é buscar ajuda. Converse com a liderança da igreja, com o pastor, com amigos em quem você confia e que sejam reconhecidamente sábios ao aconselhar. Procure uma dessas pessoas e abra o coração. Fale sobre o que tem passado, das dificuldades encontradas para parar com essa prática de ver pornografia e do desejo de se livrar desse vício. A partir daí, o ideal seria que você passasse por um período de acompanhamento e discipulado ministrado por um mentor ou conselheiro, alguém que possa ajudá-lo a identificar seu progresso e a vencer não exatamente uma "tendência" — vamos dar o nome certo aos bois —, mas um pecado. É claro que isso vai exigir humildade e coragem da sua parte, principalmente diante do constrangimento inicial da confissão, mas é o tributo que o pecado cobra.

Enquanto passa por todo o processo mencionado acima e começa a sentir que está se fortalecendo para vencer essa luta, comece a tomar algumas iniciativas para garantir que não haja algum tipo de recaída. Por exemplo, você diz que costuma assistir a vídeos no celular, certo? Então permita que seu mentor ou conselheiro tenha acesso a seu telefone e crie bloqueios para que você não consiga mais acessar esse tipo de material. Se você utiliza outros meios para baixar pornografia, seja no computador ou por *streaming*, crie filtros e peça que essa mesma pessoa que está ajudando (também pode ser sua esposa) crie senhas bem difíceis e não as revele. Caso haja um daqueles colegas de trabalho que vivem exibindo esse tipo de conteúdo, evite a companhia dessa pessoa. Como afirma o ditado popular: passarinho que come pedra sabe o fiofó que tem. Se você tem consciência de que a pornografia é um ponto fraco em sua vida e quer mesmo se livrar dela, a melhor coisa a fazer é passar longe das fontes de tentação. "Resistam ao diabo, e ele fugirá de vocês" (Tiago 4:7).

Tenha em mente que, depois de tanto tempo bombardeado por informações distorcidas sobre a sexualidade, é possível que você precise passar por uma espécie de *desintoxicação*. Isso inclui não apenas evitar as fontes de pornografia, mas também muito diálogo com sua esposa para que juntos sejam capazes de construir em você uma sexualidade saudável e biblicamente honrada. Em momento algum você pode olhar para sua mulher como uma substituta daquelas que aparecem nos vídeos eróticos. Não cometa o erro de comparar sua esposa com uma delas. Seu casamento não é um filme. A união com sua mulher é pautada pela santidade do matrimônio, e não uma transa *fake* que oferece a ilusão de uma satisfação igualmente falsa. Viva com ela uma intimidade profunda e gratificante, e você sentirá o verdadeiro prazer.

Meu marido passou por um período de disfunção sexual, mas um médico especialista sugeriu que ele usasse aqueles comprimidos que ajudam a manter a ereção, e deu muito certo. Nossa vida sexual voltou a ser intensa. Usar esse tipo de artifício é um problema para um casal cristão?

Problema nenhum, minha irmã, pelo contrário. Um casal que precisa lidar com esse tipo de situação está mais do que certo em procurar uma orientação médica qualificada. Isso, por si, já é uma demonstração de cuidado um com o outro e de maturidade no relacionamento. Os dois sabem da importância da saúde sexual para a satisfação no casamento e encaram o assunto com inteligência e amor. Ninguém fica inventando subterfúgios nem apelando para recursos pecaminosos, como pornografia ou adultério. Buscar ajuda de um especialista é absolutamente lícito e até desejável, e se ele indicar o uso de algum medicamento que contribua para resolver a dificuldade, como aconteceu em seu caso, então vocês têm mais é que comemorar e aproveitar muito.

Na verdade, o simples fato de vocês conversarem sobre a situação sem receio de alguém se sentir ofendido ou envergonhado é muito positivo. E se a situação fosse inversa, ou seja, o problema fosse a falta de desejo sexual por parte da esposa, a atitude deveria ser a mesma. Vocês estão unidos em Cristo pelo casamento. Há um compromisso de serem uma só carne, e isso quer dizer que qualquer problema de um é também problema do outro. Seria muito simples pensar assim: "Se eu não consigo ter relações sexuais com meu cônjuge por causa dessa dificuldade, vou procurar outra pessoa que me satisfaça." Isso é um absurdo, ainda mais nos tempos de hoje, com tantos avanços no tratamento de disfunções como essa. Se o problema é médico, os medicamentos podem resolver. Se for uma carência hormonal, pode ser que a pessoa precise de uma reposição — e isso vale para homens e mulheres. Muitas vezes, a questão é psicológica. A pessoa está passando por um momento de depressão, ou o casamento está em crise, entre outras coisas. Diante desse tipo de circunstância, a ajuda de um terapeuta coloca os dois de novo no caminho do prazer sexual.

Eu diria que o surgimento desses recursos modernos são bênção para a vida conjugal. Problemas relacionados à sexualidade são mais frequentes do que se imagina. Pastoreei um homem que enfrentava uma dificuldade na área sexual (não lembro se era disfunção erétil ou ejaculação precoce) e o casamento estava se destruindo. A partir do momento que ele deixou a vergonha e a timidez de lado e procurou ajuda, foi orientado por um especialista, começou a usar um desses medicamentos e a vida conjugal foi transformada, mudou da água para o vinho. E ainda tem a questão da idade. Com o tempo, o corpo humano começa a reagir de maneiras diferentes. Por exemplo, há mulheres que, ao entrar na menopausa, começam a sentir dores com a penetração porque a vagina fica mais seca e sensível. Pode ser que um creme lubrificante resolva, e, se não resolver, o fato é que há muitas maneiras criativas para os casais proporcionarem satisfação um ao outro e aproveitarem uma intimidade sadia. Irmã, é muito bom saber que vocês escolheram um caminho inteligente e amoroso para lidar com a situação.

Mas tem um problema que me incomoda bastante e está indiretamente relacionado ao sexo, só que por outra via. Acontece que vários rapazes também passaram a usar essas pílulas para potencializar a ereção, como Viagra e Cialis, sem necessidade, só para impressionar suas parceiras, e isso é um ponto sobre o qual eu gostaria de chamar a atenção. Isso gera dependência, sabe? A pessoa pode passar a depender muito cedo desse tipo de recurso ainda jovem para manter a ereção e o desejo sexual. Essas e outras medicações foram desenvolvidas para ajudar pessoas que enfrentam algum tipo de disfunção ou dificuldade, e não para quem só quer curtição e fama de pegador.

Minha esposa e eu temos uma vida sexual saudável, mas eu tenho fantasiado com o sexo anal. Ela diz que tem curiosidade de experimentar, mas sempre recusa porque diz que é pecado. Eu respeito a vontade dela, mas me sinto frustrado. Essa prática é mesmo pecaminosa?

Adorei o tom da pergunta, o cabra é bem honesto, mas já estou preparado para apanhar um bocado. Bem, já que eu me proponho a responder a todas as perguntas, vamos lá. Essa sua pergunta evidencia várias coisas: que bom que existe respeito mútuo, que vocês conseguem conversar a respeito do relacionamento e da sexualidade dos dois e que bom que você não força a barra sobre algo que a deixa desconfortável. Mas a questão não se resume a isso. Vamos pensar juntos: por mais que um casal tenha liberdade em discutir sua intimidade — e isso seja até desejável —, as pessoas precisam viver todas as experiências sexuais possíveis? Elas têm de colocar em prática todas as possibilidades disponíveis? Claro que não. Tem coisas que um cônjuge ou ambos podem não gostar, não querer, não se sentir bem fazendo ou não ter vontade. A sexualidade deve ser algo prazeroso e agradável para ambos. Se existe alguma barreira emocional, psicológica, religiosa ou de qualquer natureza, você não pode nem deve ser obrigado a fazer aquilo. É possível glorificar a Deus vivendo uma sexualidade mais restrita e igualmente feliz.

Pois bem, quando a gente discute sobre a pecaminosidade de algumas coisas, a gente acaba voltando a algumas questões, como sexo oral, sexo anal etc. A rigor, não há nenhum texto na Escritura que condene qualquer tipo de manifestação de sexualidade heterossexual que aconteça no contexto de um casamento. "Mas, Yago, o sexo anal faz mal para a saúde, não é higiênico." Aí é outro tipo de discussão de caráter médico, de salubridade, e não religiosa ou teológica. Se você acha que é prejudicial à saúde, não faça. É o mesmo critério que se usa para não comer comida com gordura trans ou ultraprocessada: se você sabe que não faz bem e, mesmo assim, come essas coisas, está ciente das consequências para sua saúde. Discuta com seu médico, seu urologista, seu ginecologista, seja quem for o especialista. Mas tenha isto em mente: se tudo que faz mal para a saúde tivesse de ser classificado como pecado, *brother*, todos nós estaríamos lascados por causa de nossos péssimos hábitos alimentares, de sono, nossas rotinas de trabalho e por aí afora.

"E a questão da sodomia? A Bíblia não condena?" Sim, a Escritura é clara sobre os que praticam a sodomia. Só que os termos usados em 1Coríntios 6 para falar de sodomia se referiam, na época, a outro tipo de prática. Com o passar do tempo, essa palavra passou a ser interpretada como alusão ao sexo anal, mas não é sobre isso que o texto falava originariamente. "Se a Bíblia não diz que é pecado, eu devo fazer?", você pode perguntar. Dever de fazer, obrigação de fazer, você não tem. Eu sempre brinco dizendo que sexo nasal não é pecado — você também não vai ver nada na Bíblia condenando isso. Mas só por isso você vai propor uma coisa dessas à sua esposa? Evidentemente que não. Só porque não está escrito, não significa que a mulher deva oferecer a narina para o marido penetrar. Se existem formas de intimidade que a Bíblia não condena explicitamente e o casal deseja tentar, é preciso que tenham sabedoria e consciência no Senhor daquilo que estão fazendo. Pense no que isso significa para ambos e nas implicações médicas, sanitárias, psicológicas, seja o que for. Se há algum sentimento de vergonha, de culpa, de condenação, algum tipo de mal-estar ou desconforto — ou seja, se um dos dois não está à vontade — então não façam. Você não é obrigado, nem sua esposa, a classificar como "pecado" aquilo que a Bíblia não classifica dessa forma. Mas, se um dos dois não quer fazer, seja qual for o motivo, já é justificativa suficiente para ser evitado.

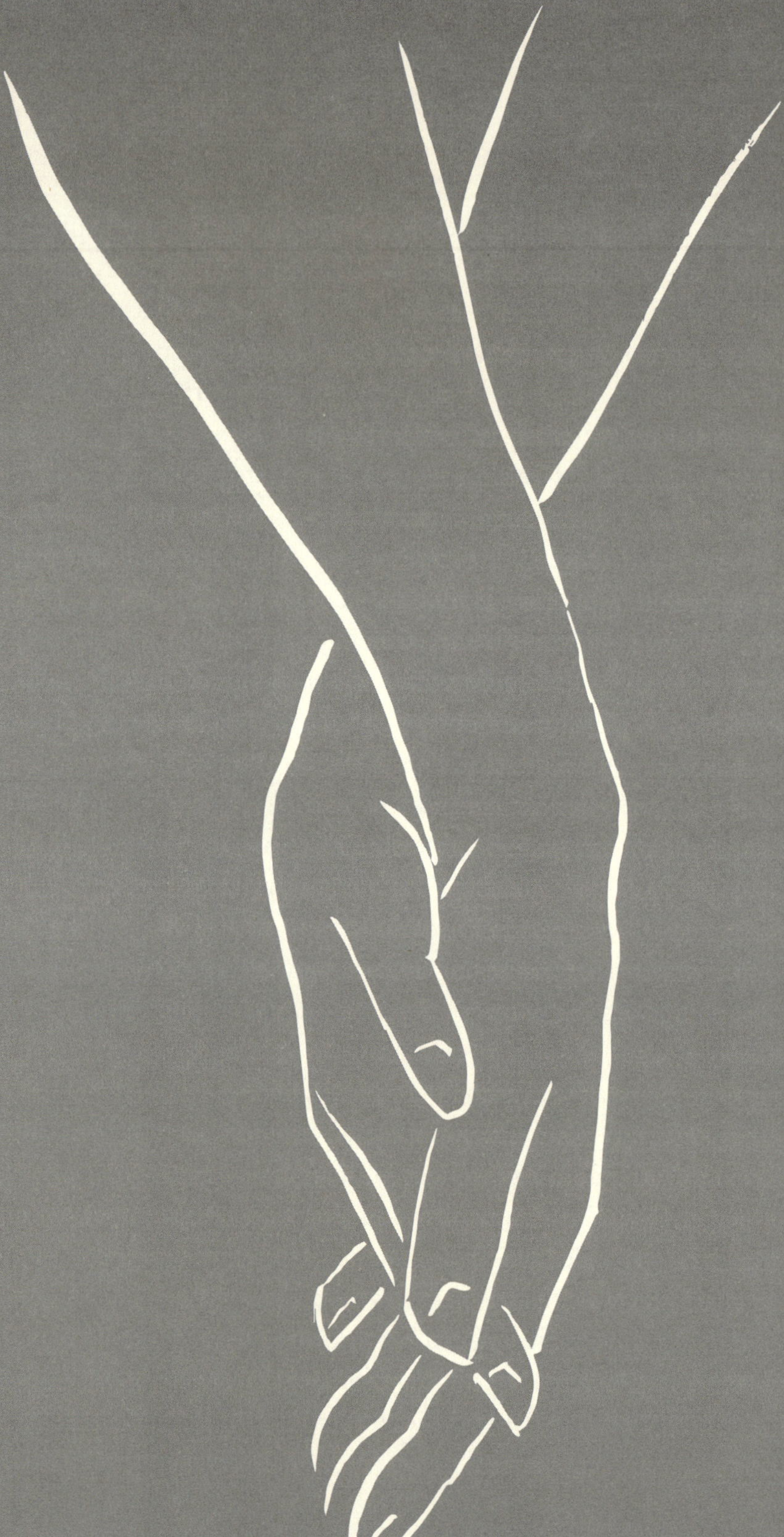

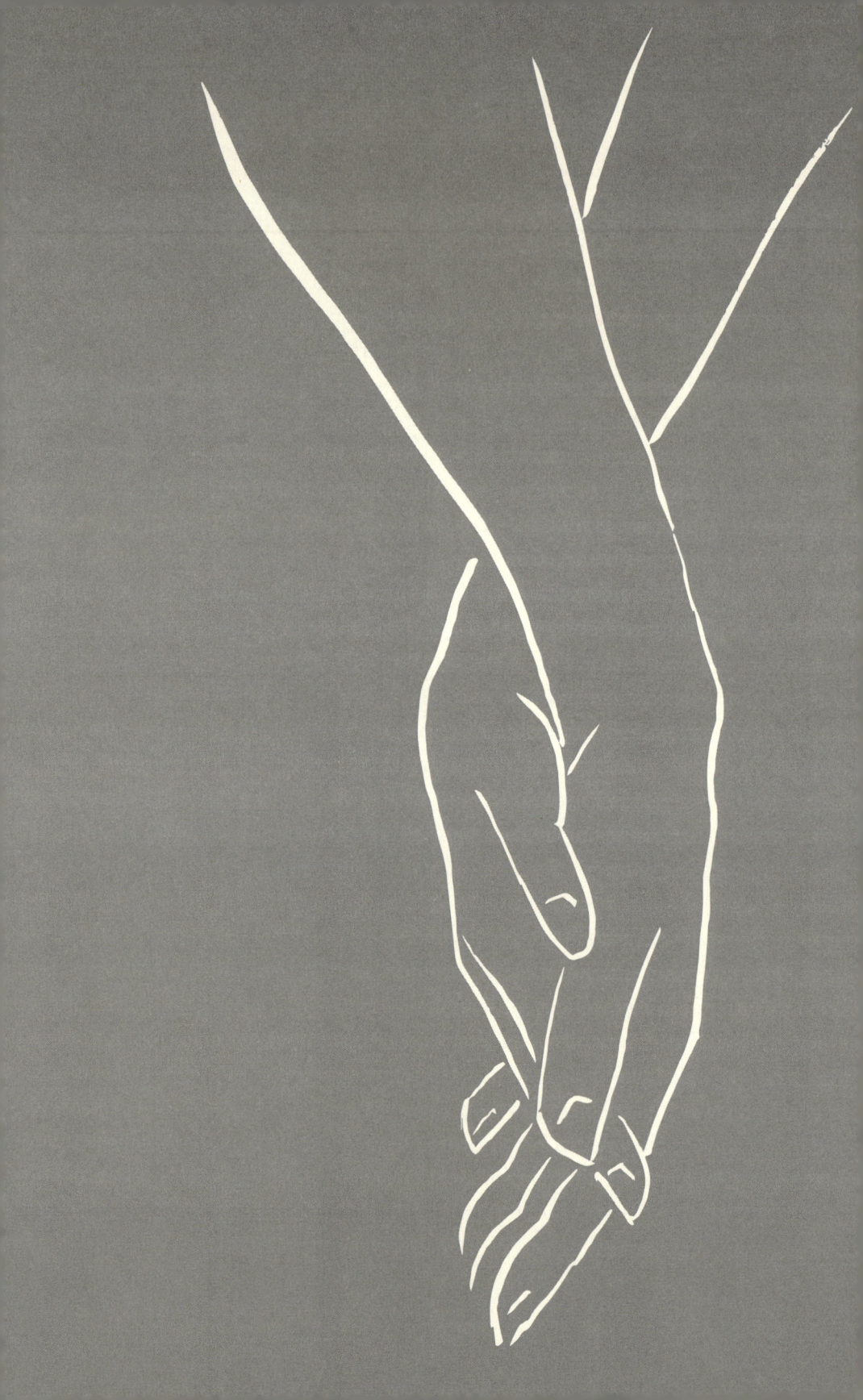

NAMORO E NOIVADO

Há um rapaz em minha igreja de quem gosto muito. Ele é um cristão comprometido com Jesus, muito simpático, trabalhador. Várias meninas gostam dele. A gente se dá muito bem, conversa bastante, pode ser até que ele goste de mim. Só tem um problema: ele é muito tímido. Eu queria que ele me pedisse para namorar, mas tenho dúvidas se ele vai fazer isso. Pensei em tomar a iniciativa. Uma jovem ou mulher cristã pode chegar em um rapaz que interessa a ela? Se pode, como deve ser essa abordagem?

Essa pergunta é muito boa porque mostra a existência e a predominância de um ideal de iniciativa masculina na Bíblia, principalmente no Antigo Testamento, segundo o qual "... o homem deixará pai e mãe e se unirá à sua mulher, e eles se tornarão uma só carne" (Gênesis 2:24), ou seja, o homem deve deixar ao pai e a mãe, entenda-se, a família onde nasceu e foi criado, para se unir à sua mulher e formar uma nova família com ela. Note a maneira como a questão é abordada — o texto não diz que a mulher se descola da família parental para viver com um homem. A ideia é: "O homem deixa pai e mãe e se une à sua mulher e os dois se tornam uma só carne." A referência deixa de ser a uma unidade para ser a uma dupla, mas o ponto de vista apresentado nas Escrituras faz referência ao gesto do homem neste sentido. O texto poderia dizer "Eles deixam pai e mãe e se unem um ao outro", de modo igualitário, mas não. Há uma clara referência ao papel masculino aqui.

Com isso, quero dizer que, existe uma prerrogativa de iniciativa masculina, é o homem que vai em direção à mulher, e isso está atrelado a seu próprio papel no casamento como aquele que é o pastor, o líder, o cabeça. A teologia bíblica indica um peso diferente entre o homem e a mulher. Não significa que um tenha mais importância que o outro, mas que exerçam papéis diferentes. Daí a gente depreende que cabe ao homem essa iniciativa. Pelo menos, é a indicação que temos a partir da leitura bíblica. É por isso que tradicionalmente é o homem quem pede a mulher em casamento, por mais que hoje em dia tenha se tornado menos incomum que mulheres se ajoelhem com alianças para pedir homens em noivado. Isso não é apenas uma questão de tradição patriarcal, mas de princípio bíblico: é o homem quem pede em casamento, é o homem quem pede a mão aos pais, é o homem quem se move em direção à amada.

Mas e quando a mulher está interessada em um rapaz e acha que tem chance de rolar alguma coisa, mas ele não toma a iniciativa? O que ela deve fazer? Ela pode demonstrar interesse, pode paquerar o rapaz? (Sim, eu sei que "paquerar" é coisa antiga, mas é melhor do que "dar mole" ou outras gírias mais modernas e depreciativas, principalmente para a mulher.) É aquela situação em que ela percebe que o rapaz está olhando com interesse, aí ela corresponde, dá um sorriso, arruma o cabelo para trás, achando que está dando um sinal, mas então ele ri sem graça, vira para o lado e não toma uma atitude. Não tenta se aproximar, não puxa conversa e, quando fala com a mulher, não dá nenhuma pinta de que está interessado. E ela fica frustrada porque tinha uma expectativa. Às vezes, o rapaz até dá indicativos de interesse, como conversar bastante e a fio pelas redes sociais, mas nunca dá um passo mais claro em direção a um relacionamento.

Hoje em dia dizem que é muito comum mostrar interesse em alguém dando curtidas em fotos antigas no Instagram. Como eu não paquero ninguém há mais de 16 anos, e a última foi a garota com quem me casei e sou muito feliz, não tenho ideia de como se faz atualmente. Acho que era uma coisa mais pessoal (para não dizer mais adulta) antigamente. Ou seja, não sou nenhum especialista de como fazer isso hoje em dia e tenho até certo dó da cultura de paquera do pessoal mais jovem, mas o ponto a que quero chegar é o seguinte: não há problema algum em uma moça ou mulher expressar interesse em um rapaz ou homem. Você pode expressar seu interesse, sim, ainda mais quando o cabra é envergonhado demais, não consegue falar direito, desde que não seja um bocó também, senão aí pode ser que nem sirva para você.

Mas tomar a iniciativa não quer dizer sair se oferecendo como se o sujeito fosse o último biscoito do pacote. Isso não é digno de uma jovem ou mulher cristã. Melhor ir se aproximando, puxando conversa, sem entrar direto no assunto no início. Quando sentir que já existe uma amizade carinhosa entre os dois e que um já conta com o respeito do outro, então pode ir preparando o terreno e dizer algo assim: "Olha, eu estou gostando de você, tenho sentimentos por você. O que acha disso?" Quando faz isso, você está dando a ele a prerrogativa e a oportunidade de tomar a atitude que é esperada dele como homem, de fazer um movimento em direção a você.

O que não dá para fazer é você pedir o rapaz em namoro ou ficar rastejando quando ele não demonstra lá muita iniciativa depois de você deixar claros seus sentimentos. Tem mulher hoje que se orgulha: "Eu é que pedi meu marido em namoro, depois fiquei de joelhos e pedi em casamento." Podem chamar de empoderamento feminino, mas não me parece nada muito "poderoso" se colocar neste papel. Claro que é um direito que a pessoa tem, mas é triste que não haja mais esse ideal de o homem ir na direção de buscar a sua amada. Por isso, não tem problema em demonstrar o interesse e esperar que ele tome a iniciativa de corresponder ou não.

Eu e o rapaz de quem eu gosto frequentamos a mesma igreja desde crianças, mas só passou a existir o interesse de um no outro quando já tínhamos 16 ou 17 anos. Aí começamos a pensar em dar um passo além de nossa amizade e decidimos orar para ver qual era a vontade de Deus. Só que isso já tem quase três anos. Eu tenho certeza de que quero namorar, mas ele diz que quer receber um sinal divino. Orar por muito tempo antes de assumir o namoro é sabedoria ou enrolação?

Para começar, eu posso assegurar a você que a iniciativa de orar por uma resposta do Senhor nunca é um erro, qualquer que seja a questão que está em seu coração. Ninguém peca por pedir orientação de Deus, se estiver fazendo isso com sinceridade. A questão, no seu caso, é o tempo necessário de oração para se ter certeza a respeito de uma decisão. Será que o rapaz de quem você gosta está mesmo inseguro ou é um embromador que não quer assumir compromisso para ficar solto na vida?

Olhe bem, esse período prolongado de oração é uma possibilidade. Entenda bem o que quero dizer: pode ser mesmo que um dos dois — ou até mesmo os dois — estejam enfrentando alguma dúvida, seja qual for o motivo. Por exemplo, pode acontecer de o rapaz ou a moça alegar: "Antes de começar a namorar, eu quero orar por um tempo porque acredito que o Senhor me chamou para o ministério ou para as missões, então não estava pensando nisso. Não é uma coisa que eu tinha em mente, veio meio que de surpresa. Vou orar, vou pensar, vou pedir conselho e vou ver se é isso mesmo." Isso é perfeitamente legítimo. Se alguém sente ter um chamado para fazer um seminário em outro Estado ou pregar o Evangelho no exterior, por exemplo, precisa ter muita certeza se a outra pessoa será capaz de acompanhar.

Agora, isso não precisa nem deve ser um período longo demais. Na verdade, nem precisa ser algo tão demorado porque Deus não tem interesse nenhum em ficar *cozinhando* nenhum dos dois, ainda mais quando se trata de algo tão importante quanto um relacionamento. É claro que não estou dizendo que o rapaz e a moça precisam ter pressa, não é disso que se trata. Senão, o risco é de se precipitar e achar que o Senhor está dando uma resposta que pode ser conveniente para um ou para outro, mas não para Deus. Portanto, nem tanto ao mar nem tanto à terra, certo?

A melhor coisa que jovens cristãos deveriam fazer é começar a orar por sua vida de namoro quando ainda não estão interessados em outra pessoa. Esse tipo de atitude proporciona dois tipos de benefício. O primeiro é que essa oração não corre o risco de ser, digamos, *contaminada* por algum tipo de sentimento ou simpatia. O que mais tem por aí é gente acreditando que recebeu a aprovação de Deus porque sentiu que gosta da outra pessoa, quando, na verdade, aquilo que ela sentiu é só atração por alguém em quem ela estava interessada. Não tem nada de resposta de Deus. É o sujeito ou a sujeita se enganando, misturando aquilo que está sentindo com a voz do Espírito Santo. Isso é extremamente perigoso. Jeremias 17:9 diz que "o coração é mais enganoso que qualquer outra coisa". E vai além, afirmando que "sua doença é incurável". Imagine o prejuízo que um julgamento equivocado do coração pode trazer para uma pessoa apaixonada depois que o estrago está feito.

O segundo benefício é que, quando uma jovem ou um jovem se antecipa e começa a orar com sinceridade a Deus, colocando suas expectativas diante do Senhor, fica muito mais fácil para os dois identificarem quando a oportunidade verdadeiramente dada por Deus chegar. Assim, fica muito mais fácil tomar uma boa decisão. Evita a ansiedade, preserva o coração de decepções amorosas e dá mais segurança aos dois. E também permite que não seja necessário passar por aquele ritual de, antes de começar a namorar, precisar receber um sinal dos céus, a visita de um anjo, sei lá.

Para muitos, infelizmente, esse tempo de oração antes de namorar é mais um tipo de superstição gospel do que devoção sincera. É como se seu namoro fosse mais abençoado se, em vez de partir direto para beijocas e cineminha, vocês *sacrificassem* um tempo em oração. Aí a coisa perde totalmente o seu sentido. Orar para saber a vontade do Senhor deve acontecer enquanto vocês se conhecem, na fase da amizade ou em caso de alguma preparação particular para aquele relacionamento. Por isso, o ideal é que você já esteja em oração pelo seu namoro mesmo sem ninguém em vista. Se alguém surgir, ore sobre aquela decisão, busque conselhos com seus pais e líderes mais velhos, mas não use a oração como uma desculpa para manter alguém por perto, preso a você, mas sem um compromisso sério e real estabelecido.

Tenho 15 anos e gosto de uma menina da igreja que tem 14. A gente conversa bastante, está sempre junto, mas nunca rolou nada. Sinto que ela gosta de mim do mesmo jeito que eu gosto dela, mas o pastor dos adolescentes de minha igreja disse que ainda somos muito novos para começar um relacionamento. Qual é a idade certa para namorar?

Antes de responder à sua pergunta, vou fazer um comentário: o pastor de adolescentes da sua igreja está coberto de razão! Sim, vocês ainda são muito novinhos, ainda vão viver muita coisa na vida e mudar de opinião várias vezes. Note bem, não estou menosprezando sua idade nem duvidando do que você e essa menina sentem. A paixão pode acontecer em qualquer momento da vida, seja na adolescência, na juventude, na vida adulta e até na velhice. Só que as pessoas muito jovens, por terem menos tempo de experiência, têm mais facilidade de supervalorizar ou confundir sentimentos. Conheço gente que se apaixonou umas dez vezes durante a adolescência, cada hora por uma pessoa diferente. E todas as vezes foram sinceras, mas a paixão ia embora do mesmo jeito que vinha. Só com o tempo a gente passa a lidar melhor com isso e consegue distinguir essas *paixonites* do verdadeiro amor. Não se afobe — na hora certa, você vai saber se está pronto para namorar.

Aí entra a resposta à sua pergunta: a idade certa para começar a namorar é quando você tiver perspectiva de se casar! Pode parecer meio assustador, principalmente para quem vive numa sociedade como a atual, em que as pessoas dizem que estão namorando mesmo que não tenham nenhum compromisso uma com a outra, só para justificar a vontade de ficar juntas. Aliás, virou moda, de uns tempos para cá, casais que moram juntos e têm intimidade física dizerem que são só namorados. É uma cultura contemporânea que procura desconstruir o conceito do casamento. Noivado, então, virou uma aberração. No máximo, namorar alguém "para ver se dá certo". Ninguém quer se comprometer com votos de fidelidade; ninguém quer se responsabilizar pela vida da outra pessoa; ninguém quer criar um vínculo para a vida toda. Só que esse pensamento está na direção oposta do que a Palavra de Deus ensina. O relacionamento entre um homem e uma mulher que temem ao Senhor não é uma loteria nem um jogo de cabra-cega. É coisa séria porque Deus não brinca com o coração da gente nem aceita que a gente faça isso.

O namoro é um instrumento e, ao mesmo tempo, uma fase de preparação para um compromisso maior, que é o casamento. Não é uma atividade para recreação. É claro que, quando se está junto da pessoa de quem a gente gosta, a sensação é muito boa e prazerosa, mas não deixa de ser uma relação para ser levada a sério e tratada de maneira bíblica. Nada de "vamos ver no que vai dar". Quando se trata do relacionamento entre crentes, a gente sabe exatamente aonde aquilo vai chegar: no casamento. Namoro que não tem esse objetivo final é só brincadeira, e não tem nada de bíblico.

Por isso comecei esta resposta concordando com seu pastor de adolescentes. Fico feliz em saber que você e essa menina de quem gosta estão na igreja, e mais ainda porque vocês estão fazendo a coisa certa, que é se conhecer bem e fortalecer a amizade. Dediquem-se aos estudos, façam cursos, pratiquem esportes e usem o tempo disponível para ajudarem nos ministérios da igreja. Se, daqui a alguns anos, vocês continuarem gostando um do outro dessa maneira, talvez até formados e iniciando uma carreira profissional, já terão se conhecido tão bem que poderão assumir um compromisso e começar a namorar, pois estarão vivendo a perspectiva de sair da casa de seus pais para formar um lar e uma família. Lembre-se do que diz Provérbios 24:27: "Termine primeiro o seu trabalho a céu aberto; deixe pronta a sua lavoura. Depois constitua família." É preciso paciência, mas vocês terão uma vida inteira para curtir um ao outro se esse for o propósito de Deus. Até a bênção vira maldição quando chega no momento errado.

Eu e minha namorada nos amamos muito, e às vezes é difícil mantermos a santidade em nosso relacionamento porque sentimos desejo um pelo outro. Para não cairmos em pecado, começamos a pensar em nos casar. Só que eu tenho 20 anos e ela tem só 18. Comentamos sobre isso com a líder dos jovens de nossa igreja, mas ela acha que ainda não estamos maduros para assumir um relacionamento assim. Nós dois estudamos, mas eu também trabalho. Temos certeza de que queremos ficar juntos. Querer se casar cedo é errado?

Acho que a resposta a essa pergunta pode ser dividida em duas partes. A primeira é sobre a idade certa para se casar. Isso, na verdade, não existe. Tem pessoas que casam muito jovens e permanecem juntas até ficarem velhinhas, assim como há casais que assumem esse compromisso com muito mais idade, depois que os dois já estão formados, trabalhando, até com dinheiro para comprar uma casa e a mobiliar. Eles acham que já estão muito maduros, só que a união não dura nem dois ou três anos.

Eu posso dizer, pela minha experiência, que a vida de casado é uma bênção — desde que, é claro, você encontre alguém que esteja disposto a viver com você à luz do Evangelho de Cristo. Eu me casei aos 21 anos e, se pudesse, teria casado até antes! Eu e Isa, minha esposa, formamos desde cedo nossa família, e não estamos nem um pouco arrependidos dessa decisão. E não é bom se casar apenas para começar logo a desfrutar do sexo. É claro que isso também é muito legal, mas há muitos outros benefícios. A gente ganha autonomia quando sai de casa para formar uma nova família. É maravilhosa a sensação de compartilhar a alegria de cada conquista, assim como é ótimo ter alguém para dividir as dificuldades, as frustrações, e nos dar força quando precisamos. Enfim, casar é uma bênção. Ou, ainda melhor, casar *certo* é uma bênção.

Mas preste atenção para não me interpretar mal: eu não acho que as pessoas devem sair por aí se casando cedo só porque a vida a dois é boa. E é aí que está a segunda parte da resposta: essa decisão deve ser tomada com muita responsabilidade. Gênesis 2:24 diz assim: "Por essa razão, o homem deixará pai e mãe e se unirá à sua mulher, e eles se tornarão uma só carne." Você não pode pensar em tirar a mulher que você ama da segurança e do conforto da casa dos pais para uma vida de incerteza e instabilidade, seja financeira ou emocional. É preciso ter a convicção de que os dois vão viver com as condições fundamentais para seguirem juntos, sem crises e sem risco de se decepcionarem.

Não quero dizer com isso que só dá para casar depois que os dois tiverem se formado ou estiverem empregados e ganhando muito bem. Vocês podem e devem se apoiar e trabalhar juntos para que possam alcançar seus objetivos pessoais e profissionais, juntar forças para viver uma vida cada vez mais confortável e feliz. Isso o casal constrói junto, um fortalecendo, ajudando e cuidando do outro. Mas se vocês não têm como sustentar um lar, por mais humilde que seja esse começo de vida conjugal, ou se ainda se sentem inseguros em relação ao que sentem um pelo outro, enfim, qualquer motivo que possa colocar em risco esse casamento, então é melhor conversar muito entre si e com o pastor de vocês. O problema não é se casar cedo, mas se casar mal.

Na cultura judaica, o normal era se casar muito jovem. Mulheres se casavam com 12 anos normalmente, enquanto homens um pouquinho mais velhos, entre 14 e 16. Isso é bem jovem para nossa cultura. Não significa que devemos promover o casamento entre adolescentes, mas que, em uma cultura agrária como a judaica, era comum que as pessoas já possuíssem meios de sobrevivência muito jovens, além de uma cobrança de responsabilidade bem diferente (a maioridade judaica se dava aos 13 anos, o que é bem diferente da cultura de hoje na maioria dos países). Se você quiser uma pista muito boa de como deve ser um casamento, leia o Capítulo 5 de Efésios. O texto serve tanto para os cristãos em geral quanto para a comunidade local e até para os relacionamentos familiares. Considere, junto com sua namorada, se vocês estão sendo cuidadosos um com o outro e sensatos ao pensar em casamento (versículo 15); se os dois compreendem bem o papel de cada um nessa relação (versículos 21 a 28); se são capazes de oferecer o básico para uma vida saudável, tanto física quanto espiritual e até sexualmente (versículos 29 e 30); se o respeito de um para com o outro será mesmo a base do relacionamento (versículo 33). Tendo a Bíblia como referência, a chance de sucesso no casamento é muito maior.

Eu nunca namorei, e confesso que tenho um pouco de medo de me relacionar com alguém e me decepcionar. Toda vez que um rapaz se interessa por mim e quer marcar uma conversa mais séria, eu fico insegura. O que é preciso observar em um primeiro encontro?

Minha querida, tudo! Quando se trata de um relacionamento entre cristãos, cada detalhe faz diferença. Ainda mais quando se trata da primeira conversa dos dois. É ali que o rapaz e a moça começam a se apresentar, a falar a respeito das coisas que consideram importantes e a abrir seu coração. É o ponto de partida para uma coisa séria. Crente que se preze não vai para o primeiro encontro por curtição. É claro que você não vai para esse primeiro encontro com expectativa de definir data de casamento nem de que ele coloque um anel de noivado em seu dedo, mas é importante que ele demonstre claramente que não está ali para brincar ou para se aproveitar de você. Se você sentir que o rapaz não está levando a sério esse primeiro contato, é sinal de que não deve nem pensar em um segundo encontro.

Que tipo de assunto deve ser tratado? Falem sobre seus planos para o futuro, seus planos de ministério, sua visão sobre família, sobre filhos, sobre como deve ser um relacionamento sadio e santo entre homem e mulher e sobre como você imagina que os dois devem compartilhar a responsabilidade de cuidar de uma casa, de formar uma família. Conversem sobre projetos profissionais, sobre os cargos que ocupam na igreja, sobre seus sonhos e sobre seus medos. É importante vocês colocarem todas essas coisas na mesa, e o primeiro encontro é para isso! Se isso não é nem assunto do primeiro encontro, então, minha querida, *vaza* que esse cabra não quer nenhum compromisso sério de fato. Ele ainda é um menino, ainda está levando a vida na brincadeira.

Outra coisa importante: primeiro encontro não é para nada além de conversa. Nada de toques nem de carícias, muito menos beijos. Pense comigo: você ainda não sabe nada sobre o sujeito e ele já se sente no direito de tocar você, de segurar sua mão ou de partir para um beijo! Não tem cabimento isso — tudo bem, talvez segurar na mão não seja nada demais, mas você entendeu o sentido. Quem garante que a intenção dele é boa ou se ele só quer se aproveitar de você? Porque esta é uma boa maneira de testar a intenção de um pretendente: se ele não tem paciência para esperar o tempo certo de pedir a você algum tipo de intimidade mais física, como abraços frontais ou beijos, então duvide das intenções desse rapaz. É muito provável que ele não esteja interessado em um compromisso de verdade. Agora, se ele demonstrar interesse em continuar conversando com você em outras oportunidades sem forçar a barra para tocar ou abraçar você, então pode investir. Isso não é garantia de que seja o melhor relacionamento para sua vida, mas é um bom sinal. No mínimo, é uma indicação de que se trata de um rapaz que tem os mesmos valores que você.

Uma vez, aconselhei uma aluna do seminário que desejava ser missionária que não beijasse o *webnamorado* quando o encontrasse. Eles nunca tinham se visto pessoalmente, namoravam à distância e iriam finalmente se ver. Ela me disse que ele estava muito ansioso para beijá-la. Eu disse: "Que tal combinarem de não se beijarem, até como uma forma de testar as intenções dele?" Ela topou, mas ele não. Fez um drama gigante pelo celular. Claro, quando se encontraram, partiram para beijos e carícias. Poucos meses depois, já haviam terminado.

Mais uma recomendação sobre o primeiro encontro é escolher o lugar e a circunstância certos. Obviamente que vocês não vão conversar no altar da igreja, com microfone na boca, para todo mundo ouvir. Não precisa desse exagero. Mas tenha certeza de que os dois estejam em um lugar público. Pode ser em um lugar à vista de seus pais e de outras pessoas de sua confiança, ou talvez em um restaurante ou shopping, caso sejam adultos mais independentes. Nada de procurar cantinhos escuros, muros ou ambientes suspeitos. Sente-se num banco da igreja — afinal, não tem nenhum assunto que não possa ser discutido dentro do templo. Se estiverem participando de alguma atividade externa, como um retiro, intercâmbio ou passeio, certifique-se de que estejam sempre próximos do restante do grupo.

Por fim, uma dica que pode ajudar bastante em sua avaliação sobre o seu pretendente: procure uma pessoa sábia e de sua confiança e conte como foi seu primeiro encontro. Fale sobre os assuntos que trataram, como ele se comportou e o que achou dele. Pode ser sua mãe, a esposa do pastor ou uma irmã da igreja que seja experiente e saiba ouvir e ajudar você.

Meu namorado me propôs noivado. Eu o amo, mas há alguns meses, mesmo já estando com ele, saí com outro rapaz muito atraente de meu bairro. Não chegamos a transar, mas nos beijamos e trocamos carícias. Foi uma vez só e me arrependi muito. Será que devo contar ao meu namorado antes de assumir o noivado ou é melhor que ele não saiba?

Esse é o tipo de pergunta que eu chamo de "safadeza oculta". A pessoa sabe que está fazendo uma coisa errada e, mesmo assim, quer esconder o erro. Querida, deixa eu dizer duas coisas para você: em primeiro lugar, o seu namorado tem o direito de saber o que aconteceu e de tomar uma decisão em relação a isso. Pode ser que ele confie em seu arrependimento, acredite em seu propósito de nunca mais traí-lo, resolva perdoar você por isso e mantenha o objetivo de evoluir do namoro para o noivado e daí para o casamento. Mas ele também tem o direito de quantificar o prejuízo emocional que essa situação causou, e você não pode tirar dele essa prerrogativa. O erro não foi dele. Se o caso fosse inverso, isto é, se ele tivesse saído com outra jovem, a obrigação dele seria a mesma: confessar e dar a você o direito de perdoá-lo ou de concluir que o relacionamento estaria comprometido pela falta de confiança.

Preciso ser sincero com você e dizer que, seu eu fosse o pastor dos dois, meu conselho para ele seria acabar com o namoro imediatamente. Pode parecer um pouco cruel, mas a verdade é que o casamento se baseia, entre outras coisas, na confiança de um em relação ao outro. Não importa se houve relação sexual ou não — se você se dispôs a entrar em algum tipo de intimidade com outro rapaz estando comprometida, então traiu seu namorado. É muito complicado, seja para o rapaz ou para a moça, entrar em um relacionamento no qual um dos dois escolhe trair deliberadamente, pois isso representa quebra na aliança.

Não se trata apenas de um pecadinho bobo (até porque isso não existe; pecado é pecado e ponto), de um conflito relacional ou de um deslize inconsequente. Para você ter uma ideia, a traição é algo tão grave que é um dos poucos casos em que a Bíblia prevê a possibilidade do divórcio e a quebra do contrato conjugal. Mateus 19, principalmente nos versículos de 1 a 10, é uma das referências bíblicas que falam sobre isso. Há outras indicações sobre a gravidade desse ato no Antigo Testamento e no Novo Testamento também. Sendo assim, o meu conselho para vocês seria que terminassem.

Agora, você diz que ama seu futuro noivo e não quer que o relacionamento termine, correto? Então, com certeza, esconder isso dele não é o melhor caminho. Você acha bom fundar seu relacionamento em uma mentira? E quando essa traição chegar ao conhecimento dele no futuro? Porque, pode acreditar, quase sempre chega. Já imaginou como seria ruim se vocês se casassem e daqui a dez ou 15 anos ele descobrisse essa mentira? Sem dúvida, seria ainda pior. Porque, se você trai e não conta, presume-se que está deliberadamente mentindo por todo esse tempo.

Essa não é a postura de um cristão, de uma pessoa que foi salva e redimida pelo Deus vivo. O crente sincero é tocado pelo Espírito Santo para se arrepender dos pecados que comete e confessá-los. Aquele que se arrepende verdadeiramente confessa. A Bíblia diz em Provérbios 28:13: "O que encobre as suas transgressões nunca prosperará, mas o que as confessa e deixa, alcançará misericórdia." Se você não confessa é porque não está arrependida, e há um risco grande de que faça de novo. Portanto, não finja que não contar seu erro é um ato de amor. "Ah, não quero que meu namorado sofra nem quero perdê-lo." Se fizer isso, só estará enganando a si mesma.

Tenho 22 anos, sou solteira e percebi que havia um irmão da igreja, também solteiro, interessado em mim. Gosto dele também e acho que temos um bom diálogo, mas o problema é que ele tem 43 anos. Essa diferença de idade pode prejudicar nosso relacionamento, mesmo ambos sendo cristãos muito sinceros?

Olha só, poder prejudicar o relacionamento, até pode mesmo. Mas vamos analisar: a mulher tem 22 anos e o homem, 43, certo? É uma diferença de mais de vinte anos. Ele tem praticamente o dobro de sua idade. Aí a gente vai lá nas Escrituras e não encontra nada que proíba a união entre pessoas com uma diferença etária tão grande. Em termos de relacionamento, não há nada que proíba. Até porque na Bíblia, especialmente no Antigo Testamento, eram muito comuns os casamentos de homens bem mais velhos que as mulheres. Por mais que certos casamentos judaicos reunissem, por exemplo, uma jovem de 12 anos e um rapaz de 15 ou 16 anos, não era raro que homens mais velhos, alguns deles viúvos ou mesmo quando se tornavam polígamos, se casassem com mulheres muito jovens. Note bem, isso era próprio da cultura judaica da época, não significa que possa ou deva ser aplicado em nossa cultura e nossa época, em que a maioridade é interpretada de uma maneira diferente. Apenas usei essa informação para mostrar que não há na Bíblia alguma passagem que condene o casamento entre pessoas com diferença de idade muito grande, inclusive porque estamos falando de dois adultos.

Só que isso vai trazer certos desafios para o relacionamento de vocês. Essa assimetria muito grande da faixa etária vai evidenciar algumas diferenças em várias áreas. Por exemplo, os dois estarão em diferentes fases da vida — ele provavelmente já está profissionalmente estabelecido e você ainda está estudando; os assuntos nas conversas com seus amigos serão outros, assim como o repertório cultural, as preferências de entretenimento e assim por diante. Além disso, ele se incomoda de estar com uma pessoa com menos experiência de vida? Ou você se incomoda de estar com alguém que deixou de gostar de coisas que ainda são importantes para uma jovem da sua idade? Veja bem, ele tem idade para ser seu pai, sem exagero. Isso vai influenciar a atividade sexual de vocês no futuro. Isso também envolve a questão dos filhos: quando vierem, o pai será bem mais idoso que a mãe. Pense também que certas limitações físicas e problemas próprios do processo de envelhecimento (Alzheimer, por exemplo) vão chegar mais cedo para ele. Sem contar que muito provavelmente ele vai morrer antes, é a tendência natural. Essas possibilidades causam incômodo a você?

    Não se pode esquecer que um homem mais velho pode começar a ficar com ciúmes por ver que a esposa é muito mais jovem, tem mais disposição para sair, para ter amigos, e ele talvez não consiga acompanhar. É ótimo que vocês se gostem. Mesmo ele tendo 43 anos e você, 22, tem de existir algum ponto em comum entre vocês. Só que não basta olhar para esse relacionamento a curto prazo. Não se engane, todos esses fatores que mencionei, e muitos outros que não cabem neste texto breve, criam oportunidades para várias rupturas e divergências que precisam ser avaliadas e alinhadas com muita maturidade antes do matrimônio. Se puderem contar com a ajuda de bons conselheiros, melhor ainda. E não se admire caso vocês cheguem à conclusão de que algumas dessas questões não têm solução. Aí é melhor não insistir em algo que já está dando sinais de conflito no futuro.

    Agora, não sejamos tão pessimistas: também pode dar certo. Conheço casais que têm essa diferença de idade e isso não é um problema. Não só de homens bem mais velhos que as mulheres, mas o contrário também. São relacionamentos que deram certo, embora com algum nível de dificuldade maior ou menor e com certos arranjos, desafios e sacrifícios que ambos enfrentaram em nome do amor entre eles. Até que ponto você está disposta a chegar? Seja bem honesta nessa avaliação.

Eu e meu namorado somos membros de uma igreja bem conservadora. É uma denominação pentecostal muito tradicional, e o pastor é rigoroso quando se trata de relacionamentos entre os jovens. Ele diz que o rapaz e a moça só podem ter qualquer tipo de contato físico quando se casam. Os presbíteros e diáconos estão sempre tomando conta, e nem podemos nos sentar juntos durante o culto. Acho que isso é um exagero, mas não quero criar um problema para minha família, então sigo as regras. Mas andar de mãos dadas num namoro é tão perigoso assim?

Bem, cada igreja tem sua liderança e, se você faz parte de sua comunidade, é importante que esteja submissa à autoridade de seu pastor — desde que, é claro, ele exerça essa autoridade com base na Bíblia. Se sua igreja é muito conservadora e orienta os jovens namorados a se sentarem separados durante o culto, faça isso enquanto fizer parte dessa comunidade. Você até pode frequentar outra igreja por não se sentir à vontade com essas regras tão rígidas, mas quando tiver autonomia ou receber autorização de seus pais para tomar essa decisão. Até lá, deve seguir a orientação pastoral.

E aqui dou minha opinião como pastor da minha igreja: sim, namorados podem andar de mãos dadas. Trata-se de um elemento cultural. Não é uma coisa sexualmente instigante. Na verdade, esse gesto de dar as mãos é muito comum em vários povos e vem de costumes antigos. É uma forma de demonstrar profunda amizade, uma ligação forte, sem nenhuma conotação sexual. Em alguns países de cultura árabe e em certas regiões da Ásia, amigos homens heterossexuais andam de mãos dadas, e isso é aceito pela sociedade. No Brasil, pelo menos uma ou duas décadas atrás, amigas podiam dar-se as mãos para passear sem que isso fosse interpretado como algo relacionado a orientação sexual.

Se você pode andar de mãos dadas com sua mãe, com seu pai, com suas amigas e até com seus irmãos, por que não andar de mãos dadas com seu namorado? Eu não vejo problema nenhum. É uma forma de demonstrar afeto, além de testemunhar, diante de outros jovens, que vocês assumiram um compromisso e, por essa razão, não estão disponíveis para namorar outras pessoas. É difícil imaginar que alguém comece a perder o controle de sua libido só porque deu a mão a uma pessoa do sexo oposto.

A Bíblia é sempre a bússola para saber se alguma coisa que fazemos está nos colocando no rumo certo para a santidade ou se estamos nos desviando. E não vejo nada na Palavra de Deus que proíba a um homem e uma mulher que se gostam de segurar a mão um do outro. Na verdade, acho até que é uma bela maneira de mostrar afeto e respeito ao mesmo tempo. É difícil não ficar feliz ao ver duas pessoas que se gostam de mãos dadas.

Se você quer saber quais são os limites que não deve ultrapassar, leia Efésios 5:3-4. O apóstolo Paulo diz claramente como deve ser o relacionamento entre cristãos:

> Entre vocês não deve haver nem sequer menção de imoralidade sexual nem de qualquer espécie de impureza nem de cobiça; pois estas coisas não são próprias para os santos. Não haja obscenidade nem conversas tolas nem gracejos imorais, que são inconvenientes, mas, ao invés disso, ação de graças.

Andar de mãos dadas não é uma atitude de imoralidade sexual. O que o casal de namorados não pode fazer é deixar o carinho virar motivo para agarramentos, beijos tórridos, mãos bobas, transas e tudo mais. Paulo alerta não só sobre os movimentos do corpo, mas também sobre as conversas obscenas, tolas, assim como "gracejos imorais", pois certos papos maliciosos a respeito de intimidades podem ser o estopim para excitar a outra pessoa. Em quaisquer desses casos, obviamente, os dois estão ultrapassando a linha perigosa da permissividade e pecando. Tenham paciência e fiquem só de mãos dadas. É uma maneira de demonstrar amor e manter-se em santidade.

Faço parte de uma igreja que valoriza muito o jejum bíblico. A liderança incentiva os membros a participar de campanhas de jejum em datas como o Dia de Missões, eleições, Carnaval, entre outras. Mas também recomenda que as pessoas que decidem namorar ou casar orem e jejuem sobre isso. É correto jejuar por esse motivo? Deus considera esse tipo de jejum?

A primeira coisa que você precisa ter em mente é o sentido do jejum. É uma prática que você encontra em várias passagens da Bíblia, no Antigo e no Novo Testamento, e tem tudo a ver com nosso desejo de demonstrar a Deus que as coisas espirituais devem ter sempre prioridade sobre as materiais. A gente se priva por algum tempo de alimentos, de distrações e, em alguns casos, até de água para passar esse período em oração e comunhão. Colocando de uma forma bem simplista, dá para dizer que o jejum simboliza o desprezo das exigências da carne para alimentar o espírito. Em certo sentido, é uma espécie de oferta que fazemos — nesse caso, a oferta de nosso próprio corpo. Tenho vídeos sobre o assunto no canal Dois Dedos de Teologia e existe vasta literatura a respeito do assunto em português, caso você queira se aprofundar.

Agora, voltando ao coração de sua questão: o jejum é uma maneira de se envolver ainda mais no tratamento espiritual de uma questão. A gente ora, como devemos fazer sempre para que Deus oriente todas as coisas em nossa vida, mas o jejum ajuda a focar sua atenção espiritual a um tema, ao mesmo tempo que demonstra para Deus que aquele assunto tem um valor espiritual muito grande para sua vida. Não que o Senhor já não saiba disso de antemão, mas é um gesto de reafirmação de sua fé. Como mencionei, não deixa de ser uma forma de oferta a Deus.

Por isso, o jejum é perfeitamente legítimo em várias situações, inclusive como forma de interceder por alguém pelos mais diferentes motivos: a saúde de uma pessoa querida, a conversão de um amigo, a solução do problema financeiro de um parente, um emprego, a situação de sua igreja, do país e assim por diante. A causa pode ser até seu relacionamento com seu namorado, sem nenhum problema. Pelo contrário, quando você ora a Deus para pedir direção e reforça sua fé oferecendo um jejum ao Senhor com esse propósito, sendo algo sincero, fruto de seu temor e de sua reverência, certamente será aceito.

Faço apenas uma ressalva aqui: infelizmente, há irmãs e irmãos que banalizam o jejum, achando que essa prática tem uma espécie de poder mágico, extraordinário. Isso é um grande erro. O jejum, em si, não vai turbinar sua oração, torná-la mais poderosa, aditivada. Não se deixe confundir. O jejum é uma atitude, um reconhecimento de sua dependência de Deus, não um ritual mágico. Deve partir de seu coração com a mesma sinceridade de sua oração.

Outro erro é achar que o jejum é uma moeda de troca com o Senhor. Algo como: "Se eu jejuar, Deus vai considerar meu sacrifício e me dar o que eu preciso." Não é assim que funciona, embora eu saiba que muita gente até prega isso em algumas igrejas — espero que não seja o caso da sua. Jejum, assim como ofertas, a gente entrega a Deus como forma de adoração, de reverência. Senão, acaba se tornando um ritual, como se vê em outras religiões. Não cometa esse equívoco. Tem um texto em Isaías que mostra claramente como Deus abomina jejuns que não são sinceros.

"Por que jejuamos", dizem, "e não o viste? Por que nos humilhamos, e não reparaste?" Contudo, no dia do seu jejum vocês fazem o que é do agrado de vocês, e exploram os seus empregados. Seu jejum termina em discussão e rixa, e em brigas de socos brutais. Vocês não podem jejuar como fazem hoje e esperar que a sua voz seja ouvida no alto.

(Isaías 58:3-4)

Se você sente no seu coração que esse assunto, ou seja, o seu namoro, é algo muito importante para sua vida e deseja que Deus lhe dê paz no coração, pode fazer, sim, seu jejum junto com sua oração. E abra o coração para entender o que o Senhor deseja de seu namoro, mesmo que a resposta não seja a que mais agrade você. Tenha certeza de que ele quer o melhor para sua vida.

Sou especialista na área de agronomia, e consegui uma oportunidade de trabalho muito boa, só que me obrigou a mudar de Recife para Belo Horizonte. Minha namorada ficou em Pernambuco, por isso decidimos manter o namoro à distância. Isso já tem sete meses e só conseguimos nos encontrar uma vez nesse período, na semana passada, quando consegui viajar num fim de semana prolongado para vê-la. Nesse encontro, falamos sobre a possibilidade de nos casarmos logo, mas ainda estamos inseguros e resolvemos esperar. Como lidar com essa espera?

Você já deve ter lido Eclesiastes várias vezes, mas não custa nada a gente recordar um texto que se encaixa muito bem em sua situação. É um pouco longo, mas vale a pena:

> Para tudo há uma ocasião, e um tempo para cada propósito debaixo do céu: tempo de nascer e tempo de morrer, tempo de plantar e tempo de arrancar o que se plantou, tempo de matar e tempo de curar, tempo de derrubar e tempo de construir, tempo de chorar e tempo de rir, tempo de prantear e tempo de dançar, tempo de espalhar pedras e tempo de ajuntá-las, tempo de abraçar e tempo de se conter, tempo de procurar e tempo de desistir, tempo de guardar e tempo de lançar fora, tempo de rasgar e tempo de costurar, tempo de calar e tempo de falar, tempo de amar e tempo de odiar, tempo de lutar e tempo de viver em paz. O que ganha o trabalhador com todo o seu esforço? Tenho visto o fardo que Deus impôs aos homens. Ele fez tudo apropriado a seu tempo. Também pôs no coração do homem o anseio pela eternidade; mesmo assim este não consegue compreender inteiramente o que Deus fez. Descobri que não há nada melhor para o homem do que ser feliz e praticar o bem enquanto vive. Descobri também que poder comer, beber e ser recompensado pelo seu trabalho é um presente de Deus.
> (Eclesiastes 3:1-13)

Tem tempo para tudo na vida. Parece uma coisa óbvia, mas, na prática, nem sempre as pessoas entendem ou se conformam com isso. E começa cedo. Tente controlar a ansiedade de uma criança às vésperas do aniversário, quando fica sabendo que vai ganhar um brinquedo de presente. Não dá. Ela vai insistir para ganhar antes e, se você entregar o embrulho, ela vai rasgar na mesma hora para começar a brincar. Não vai nem querer saber se já cantaram os parabéns ou se já serviram o bolo. O que ela quer é aproveitar ao máximo o presente. Esperar para quê?

E essa ansiedade acompanha as pessoas conforme elas crescem. Ninguém gosta muito de esperar pelas coisas, mesmo que não tenhamos a certeza de que esteja na hora certa de acontecerem. Mais ainda quando se trata do coração. Eu amava tanto a Isa que não via a hora de poder passar todo o tempo do mundo com ela. Por isso, dá para entender o motivo de você e sua namorada pensarem em casamento. E, se vocês se amam e já colocaram o relacionamento de vocês diante de Deus, não há nada de errado nisso.

O problema está em *atropelar* o próprio tempo. Não dá para colher antes de semear. É contra a lógica do tempo. Do mesmo modo, não é possível derrubar o que ainda não está construído. Praticamente tudo na vida precisa passar por um processo que, muitas vezes, pode demorar mais do que gostaríamos. E ainda tem a questão do que é mais adequado para cada tempo. Tem horas que precisamos falar, mas há outras em que a atitude mais sábia é ficar calado. A gente pode procurar uma chave perdida por dias, mas chega uma hora em que é melhor desistir e mandar fazer outra porque não faz mais sentido gastar tempo na busca.

Criar uma família não é uma decisão simples — pelo menos, não para um cristão. Nós não nos casamos pensando: "Vamos ver se dá certo e, se não der, a gente separa." Isso não é o que Deus planejou para um casal. "Por essa razão, o homem deixará pai e mãe e se unirá à sua mulher, e eles se tornarão uma só carne" (Gênesis 2:24). Isso é muita responsabilidade, e não pode ser resultado de uma afobação. Entenda bem, não estou querendo dizer que vocês devem namorar indefinidamente, mas que precisam estar bem fundamentados quando tomarem a decisão de se unir como uma nova família.

Se você conseguiu uma oportunidade financeira muito boa, imagino que esteja ganhando dinheiro o bastante para sustentar uma família, então considere caminhar em direção ao casamento com sabedoria e dedicação. Quer saber qual a melhor maneira de lidar com a ansiedade sem colocar a carroça na frente dos burros? Trabalhando mais. Juntando mais dinheiro para se casar assim que estiverem mais tranquilos financeira, emocional e espiritualmente. Quanto mais você se esforça para trabalhar bem e juntar dinheiro, mais acelera esse processo. Agora, paciência é um exercício interior de esperar o tempo das coisas naquilo que está fora de seu controle. O que exatamente os deixa inseguros? São questões relacionais, interpessoais, espirituais? Vocês precisam dar o tempo necessário para lidar com isso tudo, mas precisam lidar com sinceridade com essas coisas. Caso demore um tempo para acertar tudo que gera insegurança, então respeite o tempo de vocês. Casar-se pode ser urgente, mas não pode ser apressado. Aprenda a esperar as coisas e aceitar que elas têm um tempo estabelecido, um tempo específico. Você verá que tudo vai se resolver muito melhor se souber esperar.

Alguns dias atrás, fiz um passeio com uma turma de amigos em um parque da região onde moro que tem várias atrações, quiosques de alimentos, venda de lembrancinhas e outras coisas. Como aprendi com meu pai, paguei várias coisas para minha namorada e depois fui criticado por algumas pessoas que estavam conosco por causa disso. Diziam que eu já estava agindo como se fôssemos casados. Pagar coisas para a namorada seria o mesmo que compartilhar a vida financeira?

Não, de jeito nenhum. Pagar coisas, dar presentinhos, patrocinar o lanche, esse tipo de coisa não tem problema algum. São gestos de gentileza, de cavalheirismo mesmo, uma forma carinhosa de demonstrar à sua namorada que você quer cuidar bem dela, fazer o que puder para agradá-la. Sei que vai aparecer um monte de gente dizendo que isso está fora de moda, que o certo é dividir todas as despesas, coisa e tal. Pode ser até que digam que essa é uma forma de manutenção da cultura patriarcal, da submissão feminina. Como sua dúvida é comum a muitos rapazes cristãos que querem entender essa questão a partir do ponto de vista da Bíblia, não vou entrar em nenhuma dessas discussões. Vamos falar sobre o que a Palavra de Deus afirma.

Oferecer mimos e gestos para agradar a pessoa de quem você gosta é uma coisa natural, que acontece desde que o mundo é mundo. A gente encontra isso em obras de arte, na música, na literatura e até na Bíblia. Veja estas passagens do livro de Cânticos:

> Como são belas as suas faces entre os brincos, e o seu pescoço com os colares de joias! Faremos para você brincos de ouro com incrustações de prata.
>
> (Cânticos 1:10,11)

Ele me levou ao salão de banquetes, e o seu estandarte sobre mim é o amor.
(Cânticos 2:4)

As mandrágoras exalam o seu perfume, e à nossa porta há todo tipo de frutos finos, secos e frescos, que reservei para você, meu amado.
(Cânticos 7:13)

Você está preocupado porque as pessoas o criticaram por comprar uma lembrancinha para sua namorada? Imagina mandar fazer "brincos de ouro com incrustações de prata"! Ficou aborrecido porque reclamaram de você pagar um lanche para ela? Pense no que iriam dizer se você preparasse um banquete para agradá-la! E ela provavelmente também deve guardar um pedaço de bolo ou "frutos finos" para quando você vai até a casa dela. É isso mesmo que pessoas fazem quando gostam uma da outra: elas se esforçam para proporcionar alegria e felicidade.

Para ser sincero, pode-se dar um pouco de razão às pessoas que falam que você parece já estar compartilhando a vida financeira com sua namorada como se já fossem casados. Pagar a pizza ou o hambúrguer, a entrada do cinema e outras coisas não deixa de fazer parte do processo de começar a vida a dois, na qual você possivelmente será o principal responsável pelo sustento financeiro da sua família.

Agora, isso não significa que deve sustentar sua namorada — e o mesmo vale para ela em relação a você. Tudo bem quando se compra uma lembrancinha, um livro, uma bijuteria, ou quando se paga um sorvete, mas a coisa muda de figura quando se trata de pagar contas, mensalidades, roupas caras, viagens e outras coisas que devem ser responsabilidade dos pais. Esse tipo de situação, normalmente, torna-se algo disfuncional. Inclusive, já vi mulheres presas a namoros terríveis por pura dependência financeira. Namorada não é esposa. No máximo, pode ser aceitável dar um apoio quando a família da namorada está enfrentando um problema financeiro temporário, mas é uma situação provisória, e não é disso que estamos falando aqui, naturalmente.

Tenho uma amiga que é especial para mim. Nossas famílias se conhecem há muito tempo, praticamente crescemos juntos, por isso há até quem ache que somos irmãos. Só que, de uns tempos para cá, comecei a reparar melhor na beleza, no jeito dela, e acho que meu sentimento é maior do que amizade. Só que não tenho certeza se ela gosta de mim do mesmo jeito. O que fazer quando você está apaixonado por uma amiga e não sabe se ela tem o mesmo sentimento?

Companheiro, a primeira coisa que você precisa ter em mente é: o que você está sentindo é autêntico, sólido, consistente ou pode ser uma *paixonite* temporária, um fogo de palha que pode acabar daqui a dois ou três meses, quando você conhecer uma garota tão linda e inteligente quanto sua amiga e se apaixonar de novo? Já consultou seu coração direito? Se esse negócio que você está sentindo por ela já dura bastante tempo e você tem certeza absoluta de que está gostando dela de verdade, então passe para a fase 2.

Agora que você passou de fase, chegou na mais importante: colocar esse sentimento nas mãos de Deus. Sim, é isso mesmo. Ou você acha que gostar de alguém é suficiente para presumir que se trata de uma coisa aprovada pelo Senhor? Não é tão simples assim, meu amigo. Veja o que a Bíblia fala sobre as inclinações perigosas do coração do ser humano e como Deus nos ajuda a entender o que é melhor para nós.

O coração é mais enganoso que qualquer outra coisa e sua doença é incurável. Quem é capaz de compreendê-lo?
(Jeremias 17:9)

Muitos são os planos no coração do homem, mas o que prevalece é o propósito do Senhor.
(Provérbios 19:21)

Em seu coração o homem planeja o seu caminho, mas o Senhor determina os seus passos.
(Provérbios 16:9)

Entendeu o motivo de você precisar colocar seu sentimento diante de Deus em oração? Esqueça o argumento de pessoas que dizem: "Só quem sabe do seu coração é você." É claro que quem carrega o sentimento é seu coração, mas isso não significa que o que ele diz é o melhor para sua vida. Não há como ter certeza de que a pessoa por quem você se apaixona será a que vai estar ao seu lado até o fim da vida e fazer você feliz ou se o amor vai acabar na primeira dificuldade financeira que os dois tiverem de enfrentar.

E como saber se esse sentimento vem mesmo de Deus ou não? É importante encontrar segurança a partir da maturidade — se não da sua, pelo menos da maturidade das pessoas que Deus colocou na sua vida para mentorear e cuidar de você. Muitas vezes, tomamos decisões baseados no que gera melhor sentimento de paz, mas esse é um caminho dúbio. Muitos até tentam usar Colossenses 3:15 para isso, quando diz "Que a paz de Cristo seja o juiz em seus corações...", mas Paulo não está falando sobre tomadas de decisão, e sim sobre relacionamentos conflituosos nas igrejas. A paz deve guiar nossos relacionamentos, mas nem sempre nossa vida emocional poderá ser guiada por aquilo que deixa a pessoa psicologicamente tranquila.

Mesmo assim, você precisa encontrar segurança (o que pode ser chamado de paz, claro). Você está em paz sobre seus sentimentos ou seu coração está inquieto a ponto de não ter confiança na decisão de tentar avançar nesse relacionamento? Você está confortável com isso ou tem alguma coisa que parece não estar certa? Está seguro ou tem algo que lhe incomoda? Se ainda lhe falta uma boa dose de convicção, então é melhor não forçar a barra. O coração vai mandar você insistir, mas o resultado pode ser arrependimento e remorso por não ter dado ouvidos à voz de Deus.

Mas e se o coração está bem seguro de seu sentimento? Então, *brother*, o que você precisa fazer é deixar esse medo de lado, aproximar-se da menina e abrir seu coração. Diga para ela: "Amiga, eu estou apaixonado por você e quero saber se você tem o mesmo sentimento por mim. Quero namorar de verdade, ter um relacionamento sério, até me casar com você." E é isso que um homem adulto faz. Deixa de ser frouxo e vai falar com a menina, rapaz!

Estou ficando preocupado. Já não sou mais jovem e continuo solteiro. Não quero assumir compromisso com uma mulher que não seja temente a Deus, mas me parece cada vez mais difícil achar mulher na igreja. Será que vale a pena esperar ou corro o risco de ficar sozinho se nunca encontrar uma esposa cristã?

Olha, minha experiência indica que isso depende de cada igreja. Não é uma regra — pelo contrário, há comunidades nas quais o que falta é homem, e quem está em sua situação são as mulheres, que não querem ficar solteiras. Mas por que esse medo de não se casar? Por que essa é uma coisa que preocupa tanto as pessoas? Quero responder à sua pergunta, mas peço que tenha um pouco de paciência, pois primeiro preciso tentar falar um pouco sobre esta questão: a solteirice é um problema para os cristãos?

Se você me questionar se eu gosto mais de minha vida de casado do que de meu tempo como solteiro, eu não tenho dúvida nenhuma: sou muito mais feliz com minha esposa. Não me arrependo nem um pouquinho da decisão que tomei, e tenho certeza de que minha mulher também não. As coisas que o casamento proporciona são maravilhosas. Ter uma companhia amorosa, apoiadora, incentivadora, capaz de dividir tanto os momentos felizes quanto os tristes, dormir abraçadinhos, alguém para conversar, para aconselhar, a vida sexual, construir um legado, gerar filhos, tudo isso é muito bom. É difícil encontrar mais vantagens na vida de solteiro.

Entretanto, se você fizesse a mesma pergunta para o apóstolo Paulo, a resposta seria bem diferente: "Gostaria que todos os homens fossem [solteiros] como eu; mas cada um tem o seu próprio dom da parte de Deus; um de um modo, outro de outro. Digo, porém, aos solteiros e às viúvas: é bom que permaneçam como eu" (1Coríntios 7:7-8, a palavra entre colchetes é adição minha). Qual o objetivo de

Paulo ao enaltecer sua condição de solteiro? Mais ainda: por que o apóstolo incentiva não só homens que não se casaram, mas também mulheres que perderam o marido, a permanecer sozinhos? E por que ele não dá o mesmo conselho a mulheres solteiras?

Aí a gente tem de entender o contexto histórico, cultural e social em que Paulo escreveu essa epístola. A força de trabalho era majoritariamente masculina naquele tempo. Mulheres podiam até ajudar, produzindo roupas ou vendendo coisas de comer, mas não havia muitas ocupações para elas. Sendo assim, elas tinham de se casar não apenas para formar uma família, mas também para não passar fome caso permanecessem solteiras. Quanto às viúvas, havia certa obrigação da sociedade de cuidar delas, por isso a necessidade de se casar de novo não era tão grande.

Portanto, homens e viúvas que não se casassem teriam mais tempo para se dedicar à obra de Deus, tal como Paulo. Poderiam trabalhar na propagação do Reino de Deus em expediente integral, por assim dizer, sem ter de dividir suas preocupações entre a família e o atendimento às necessidades das outras pessoas ou à divulgação do Evangelho. Paulo era o próprio exemplo: ele só foi capaz de realizar tantas viagens missionárias, escrever tantas cartas e passar por tantas situações complicadas, incluindo a prisão, porque era solteiro.

Mas ele não condenava as pessoas que optavam por se casar. Na continuação da carta aos coríntios, no mesmo capítulo, ele escreve: "Mas, se não conseguem controlar-se, devem casar-se, pois é melhor casar-se do que ficar ardendo de desejo" (versículo 9). Se é para ficar triste ou *subindo pelas paredes* porque sente falta de uma mulher ou, no caso delas, de um homem, então é melhor mesmo procurar uma pessoa para compartilhar sua vida.

Aí eu finalmente chego na resposta à sua pergunta, e Paulo me ajuda de novo no versículo 16: "Você, mulher, como sabe se salvará seu marido? Ou você, marido, como sabe se salvará sua mulher?"

Um cristão pode até procurar uma pessoa com quem se casar fora da igreja, mas qual a garantia de que ela vai se tornar temente a Deus como você? Como saber se um cônjuge não cristão vai acompanhar sua fé? Como ter certeza de que essa diferença não vai gerar conflito?

Toda a teologia do Antigo Testamento e do Novo Testamento mostra que se casar com alguém de fora da sua fé é um pecado contra Deus. Desde os tempos dos patriarcas, o casamento não poderia ir além dos limites da fé em Jeová. Abraão enviou um de seus servos de volta para sua parentela a fim de obter para Isaque uma esposa que não fosse uma cananeia descrente (Gênesis 24:1-4). Isso se repete com as gerações seguintes, que rejeitaram esposas de povos estrangeiros. Na Lei de Moisés, o casamento com descrentes era proibido (Deuteronômio 7:3-4). Paulo deixa claro que o casamento precisa ser sempre "no Senhor" e entre "crentes" (1Coríntios 7:39; 9:5). Assim, meu conselho é esperar para encontrar uma pessoa que compartilha seu amor por Jesus. Se na sua igreja você não encontra, tente participar de intercâmbios, de acampamentos de outras igrejas e faça amizades. Geralmente, ótimas esposas ou ótimos maridos estão muito mais próximos do que imaginamos. Às vezes, estão ao nosso lado e a gente não presta atenção porque não acha a pessoa boa o bastante, bonita o bastante, rica o bastante. Tem quem morra solteiro porque é muito sem noção ou exigente demais. Não cometa esse erro.

Sou muito tímida. Demoro a me relacionar com as pessoas, acho que por insegurança. Levo muito tempo para fazer uma amizade, e fico bem frustrada por causa disso. O meu maior medo é nunca namorar. Isso é normal para uma pessoa cristã?

"O meu maior medo é nunca namorar." Já ouvi essa frase muitas vezes. Isso não deveria ser um problema para as jovens cristãs ou para pessoas de qualquer idade porque Deus evidentemente tem um plano para a vida de toda mulher temente e fiel, mas é uma preocupação legítima e relativamente comum. A moça que me mandou essa pergunta tem todo o jeito de ser uma jovenzinha muito tímida e que fica se cobrando por isso. Para começar, minha palavra para ela e para outras pessoas com esse mesmo tipo de temperamento é que não precisam se sentir culpadas por isso, nem devem forçar a barra para parecerem mais descoladas ou extrovertidas. Você vai aprender naturalmente a se relacionar com outras pessoas. Tudo o que precisa fazer é orar a Deus e pedir a ele que cuide dessa questão para sua vida. Ele vai providenciar os meios para que você lide com isso e encontre pessoas para criar relacionamentos sadios, sejam amizades, seja um namorado. Não se apavore nem tente ser o que não é.

Sobre esse medo de nunca namorar, eu também tinha esse temor quando era jovem, sabia? No momento em que escrevo este livro, não sou tão velho assim, estou na casa dos 30 anos, ainda sou relativamente jovem, mas, quando eu era adolescente, achava que nunca namoraria ninguém. Eu me achava meio feinho, bastante chato. Era um daqueles *nerds* que sofrem *bullying* na escola, que só sabe falar de anime japonês, universo de quadrinhos, de super-heróis e coisas assim. Meus poucos amigos eram os outros *nerds*, em uma época que ser *nerd* não era moda. Então eu entendo o que significa esse receio, esse medo de que a gente nunca vai conseguir encontrar uma pessoa que gosta da gente. Mas a verdade é que a maioria das pessoas vai se casar um dia. É estatisticamente improvável que você não comece uma família. Então, veja bem, esse medo não faz sentido. Deixar de namorar é uma experiência de poucas pessoas, é a exceção. O que deve ser motivo de maior preocupação para você é namorar errado, se relacionar com uma pessoa que não teme a Deus, que não respeita você, que não tem compromisso com nada; gente preguiçosa, barraqueira, irresponsável, infantil e mais um monte de defeitos que estragam qualquer namoro, noivado ou casamento. E, por mais incrível que possa parecer, namorar mal é a experiência de muita gente. É muito comum as pessoas entrarem em um relacionamento sem saber o que fazer, cheias de convicções e de ideias sobre o que faz um namoro funcionar bem. Elas se deixam levar por muitas emoções da juventude e acabam tomando decisões ruins.

Por isso, jovem, não tenha medo de não casar nem tenha medo de não namorar. É pouco provável que isso aconteça. Sua preocupação deve ser a de se casar e namorar mal. Isso é muito mais sério e muito mais provável do que ficar solteira para sempre. Mas, preste atenção, esse medo pode ter uma origem bem errada: a ideia de que viver solteiro é uma vida menor, indigna, que não vale a pena ser vivida, e isso não é verdade. A vida de solteiro é uma vida extremamente válida e digna também! E Deus oferece a solteirice como um tempo especial para servir, para o Reino de Deus. O Capítulo 5 do meu livro *Fogo no parquinho* se chama "Pare de desperdiçar sua solteirice namorando", e tem como subtítulo "O que todo jovem precisa saber sobre eunucos e celibatários". Acho que vai ser bom você ler esse texto. Entendo que as pessoas em geral sentem medo de ficar só, mas se relacionar com alguém que vai fazer você sofrer ou se afastar de Deus é infinitamente pior. Nesse caso, vale o que diz aquele ditado popular: "Antes só do que mal acompanhado."

Não se preocupe, a solteirice também pode ser maravilhosa, principalmente se você a usar como Paulo recomenda: como uma oportunidade de servir a Deus com mais intensidade. É isso que ele diz em 1Coríntios 7:32-33: enquanto o casado precisa dedicar tempo à família, o solteiro pode ter suas atenções plenamente focadas no serviço e na propagação do Reino de Deus. Usar seu tempo de solteiro como um momento de serviço mais intenso vai ajudar a lidar melhor com as ansiedades. Você vai perceber que não está acorrentada a um tempo de espera improdutiva, mas que está em um período ativo e frutífero para o Senhor. Aproveite sua solteirice, é um momento precioso aos olhos de Deus.

Certa vez, uma amiga minha da igreja estava interessada em um rapaz não crente. Eu disse a ela que não era uma boa ideia, falei da questão do jugo desigual que está na Bíblia, mas ela justificou dizendo que namorar aquele garoto era uma oportunidade de atraí-lo para a igreja. Existe esse negócio de namoro evangelístico?

Eu já escrevi livros sobre missões, já li muito material sobre Missiologia, já dei aula de Missiologia em faculdades e seminários, e garanto que, entre os instrumentos evangelísticos que a gente encontra no Novo Testamento, o namoro não é um deles. A gente vai até os necessitados, até aqueles que precisam do Evangelho, com a mensagem da salvação em Cristo, mas namoro, com certeza absoluta, não é uma ferramenta bíblica para ganhar pessoas para Jesus. Você não encontra no Novo Testamento nenhum relato de algum discípulo que tenha usado esse tipo de estratégia. Não está em nenhum dos evangelhos ou nas epístolas. Jesus não falou disso na Grande Comissão. Ou seja, não tem base bíblica.

Agora, a gente usa essa expressão "namoro evangelístico" como uma forma de tentar justificar o desejo de namorar com uma pessoa não crente. Ninguém vai admitir abertamente que, no fundo, quer mesmo é namorar com uma pessoa mundana, alimentar um relacionamento com um ímpio, porque sabe que as pessoas na igreja vão criticar e, principalmente, Deus não vai se agradar. É mais confortável se enganar, dizendo: "Se eu namorar Fulano, ele sabe que sou evangélica e vai na igreja comigo. Conforme ele me acompanhar nos cultos, vai se converter." Sendo assim, o namoro se torna "evangelístico" porque o rapaz ou a moça crente dá um peso diferente para aquilo que está fazendo.

A verdade é que as Escrituras condenam, em todo o Antigo Testamento e em todo o Novo Testamento, a ideia de você constituir família com alguém que não faz parte da sua fé. E como o conceito desejável de namoro para um evangélico tem como objetivo desenvolver um relacionamento até chegar ao casamento, então o envolvimento com um ímpio não é nada recomendável. Até porque qual é a garantia que você tem de que a outra pessoa vai se converter de fato? Se acreditou em alguma revelação de bola de cristal, de cigana ou até em uma profecia de alguma irmã da igreja, eu posso garantir que em nenhum dos casos isso veio de Deus. Não é assim que ele age. Se ele tiver de confirmar alguma coisa, será depois de muita oração sincera das pessoas envolvidas, de ouvirem boas orientações pastorais e de sentirem verdadeira paz no coração após tomarem a decisão de ficar juntos (Colossenses 3:15).

Já vi e ouvi pastores por aí dizendo que não celebram o casamento misto, quer dizer, de membros da igreja com pessoas ímpias, mas que aceitam o namoro porque é uma preparação para o matrimônio. Pense comigo: se você começa a namorar com alguém que não vai ser uma referência espiritual para sua vida, qual será o resultado disso? Se um jovem ou uma jovem crente passa a namorar alguém que não tem interesse em manter um relacionamento com Cristo, isso não pode dar boa coisa. É isto que Efésios 5 fala sobre o casamento: deve ser um ambiente onde Cristo é representado no marido, onde a Igreja é representada na esposa e ambos estão lutando todos os dias para cumprir esses papéis cada vez melhor. Sendo assim, como uma pessoa que não compartilha sua fé vai fazer a parte dela? Se até dentro do ambiente de igreja nós, sendo crentes, lutamos tanto contra o pecado para que ele não destrua o nosso relacionamento com Deus, a vida com um descrente torna essa tarefa muito mais complicada.

Quando a gente analisa as obras da carne em Gálatas 5, encontramos uma série de iniciativas que brotam do coração do ímpio. Você tem ali a ira, a vingança, as orgias, a imoralidade... tudo isso nasce do coração da pessoa carnal. O que é amor? O que é misericórdia? O que é paciência? Isso é fruto do espírito. O que nós precisamos é de um casamento espiritual, regido pelo Espírito Santo. Se o Espírito de Deus não habita seu marido ou sua esposa, você está em maus lençóis. Está em um casamento que, por si só, é uma desonra a Deus, fora todos os desafios práticos que surgem daí.

"Mas, Yago, eu me converti depois do meu marido, depois da minha esposa, eu já sou casado com um descrente." Aí é outra conversa. Paulo fala em 1Coríntios 7 que, se o seu cônjuge descrente concorda em continuar com você depois de sua conversão, não se separe. Com seu testemunho de transformação, é possível até que seu cônjuge aceite Jesus. Mas, quando se trata de uma pessoa solteira temente a Deus, tomar a decisão de se unir a um ímpio é um ato pecaminoso porque isso é condenado antes da Lei, é condenado na Lei mosaica, é condenado depois da Lei mosaica, é condenado nos profetas e Paulo deixa muito claro, no Novo Testamento, que "a mulher está ligada a seu marido enquanto ele viver. Mas, se o seu marido morrer, ela estará livre para se casar com quem quiser, contanto que ele pertença ao Senhor" (1Coríntios 7:39). Ou seja, se o namoro existe para que possamos evoluir até o casamento, namoros evangelísticos desonram aquilo que provém da Palavra de Deus.

Estou dividido. O líder dos jovens de minha igreja diz que o namoro de crentes deve ser santo, sem nenhum tipo de intimidade, incluindo o beijo. No máximo, os dois podem dar as mãos. Então fui conversar com o pastor, e ele disse que o beijo é uma coisa natural, desde que as demonstrações de carinho do casal não passem disso. Qual a sua opinião sobre o beijo no namoro?

Eu vou falar com muita sinceridade, até porque eu escrevi um livro inteiro que reconfigura o modo como nós, evangélicos, passamos a enxergar o namoro, o *Fogo no parquinho*. Meu objetivo com isso foi justamente explicar que o namoro é um conceito artificial que não é encontrado nas Escrituras. Por isso, a gente tem de voltar aos padrões bíblicos de relacionamento entre homem e mulher e entender o namoro como fenômeno social. Como tal, ele deve se adequar aos padrões bíblicos de relacionamento entre homem e mulher e de construção de família. É dentro desse contexto maior que falo sobre beijo. Então, vamos partir deste fato: o conceito de namoro não é encontrado na Bíblia. O que a gente vê histórica e socialmente falando são culturas que desenvolveram formas próprias de conduzir os solteiros em direção ao casamento, seja matrimônio arranjado, a prática de cortejar, dominação e vassalagem e assim por diante. No nosso caso, esse processo acontece na cultura do namoro. O importante é que todas essas formas de enxergar os relacionamentos humanos precisam ser calibradas pelo modo como a Escritura julga e avalia a maneira de duas pessoas se relacionarem em direção ao casamento.

Ao olhar para a Bíblia, a gente conclui que isso não acontece por meio do namoro. Na Escritura, os solteiros não possuem uma instituição que lhes permita um petisco, uma provinha, uma degustação do casamento. Não lhes é permitido viver coisas que são próprias do casamento. Então, a grande pergunta é: o que é próprio do casamento e o que é próprio da solteirice? Isso tem que ser respondido com teologia bíblica, ou seja, ver o que a Bíblia fala sobre como um homem e uma mulher solteiros devem se tratar de forma geral, mesmo que eles sejam prometidos em casamento um para o outro, digamos assim. Então, para responder à pergunta sobre poder ou não beijar no namoro, é necessário uma boa teologia para construir como é que o solteiro se relaciona e qual é o papel do namoro em modificar essa relação entre solteiros.

O que eu entendo é que o namoro não oferece nenhum benefício, nenhum privilégio a mais para o rapaz ou a moça. Se eu sou solteiro e há uma moça solteira, meu relacionamento com ela é de dois solteiros, e não de dois "quase casados" ou "pré-casados". Se a Escritura não permite que eu, como solteiro, escolha uma solteira para ficar beijando, namoro não muda a lei de Deus porque não é um artifício bíblico. Namoro é um conceito artificial criado posteriormente, é uma corbã. A lei da corbã era assim: se alguém pegasse seus bens e dissesse que eram corbã, quer dizer, que eles eram de Deus, isso significava que os meus bens não deveriam ser usados para ajudar meus pais na velhice deles se precisassem de sustento. Meus bens são meus, uso como quiser, mas ao declarar que eles são corbã, quer dizer, dedicados ao Senhor, então não posso entregá-los aos meus pais para ajudá-los na velhice e na pobreza. O que Jesus faz quando vê isso? Ele diz: "Vocês criam tradições e doutrinas humanas para invalidar a Palavra de Deus."

Por isso, o namoro é uma doutrina que a gente criou para invalidar a Palavra de Deus. Assim, se um sujeito é flagrado beijando uma mulher na esquina ou com a mão na coxa dela, basta dizer: "Não tem problema, ela é minha namorada", e fica tudo bem. O que antes seria esquisito, seria estranho, seria pecaminoso, passa a ser considerado normal porque é namoro. E as coisas vão escalando. O beijo vai evoluindo em suas mais variadas possibilidades até envolver o ato sexual propriamente dito. Então, quando a gente reconfigura o que é namoro, qual o papel do namoro dentro de uma boa teologia do relacionamento entre homem e mulher, na minha opinião, o beijo não condiz com esse relacionamento.

Na Bíblia, a gente tem o beijo descrito como algo próprio do ambiente familiar ou como ato libidinoso das prostitutas. No livro de Provérbios, a gente encontra várias passagens que apresentam a mulher que beija homens por aí como uma prostituta. Ela é alguém que engana com os lábios, e o ato de beijar um homem que não seja seu marido é tratado como um ato de imoralidade, um pecado. Além disso, no livro de Cantares, Sulamita está prometida em casamento a Salomão e deseja beijá-lo, mas não pode, então diz: "Quem dera eu pudesse beijar os seus lábios e eu não posso fazer isso." O casamento não estava consumado. Em outras palavras, dentro da perspectiva do livro de Cantares, que é sobre sexualidade, o beijo era algo impróprio quando fora do ambiente do casamento.

Namorei com a Isa por seis anos, e a gente só se beijou nos dois primeiros. Depois, entendemos que aquilo só ia nos afastar de Deus. Se a gente queria se guardar puro para o casamento, aquilo seria um problema sério. Então simplesmente passamos os quatro anos seguintes sem nos beijarmos novamente porque sabíamos que era uma coisa que não iria agradar o Senhor.

Meu pai foi criado em uma cultura familiar na qual o filho homem podia namorar a partir dos 15 anos e a filha mulher, só depois dos 18 anos. Ele não estabeleceu essa regra para mim e para meus irmãos, mas sempre nos alertou sobre a importância de não namorar cedo demais para não assumirmos um compromisso ainda imaturos. Como saber quando eu estou apto para namorar?

Essa pergunta é muito boa. Abordo esse tema em outro livro meu, sob o subtítulo "Cinco argumentos contra o namoro precoce". Tento argumentar que há pelo menos cinco áreas da vida que precisam estar relativamente organizadas para que um jovem possa começar um namoro: emocional, psicológica, espiritual, sexual e financeira. Começando pela primeira área: você se considera uma pessoa minimamente madura, emocionalmente falando, para conseguir lidar com um relacionamento a dois? Se você é uma criança, uma pessoa infantil que não tem noção de como lidar com as próprias emoções e as de outra pessoa, o namoro pode ser nocivo para ambos. Uma catástrofe mesmo, que vai deixar marcas e criar medos e traumas. Sendo assim, você precisa julgar sua maturidade emocional com honestidade e avaliar se é capaz de entrar em um relacionamento. E, se quiser um conselho adicional, peça a uma pessoa de confiança — pode ser amigo ou amiga, os pais e até o pastor de jovens de sua igreja — para ajudar nessa avaliação. Pode ser que ela identifique traços de imaturidade que você mesmo não consegue perceber.

No que se refere às questões psicológicas, você entende o que é um relacionamento romântico? Entende o que significa estar com outra pessoa? Ou para você tudo é uma grande brincadeira, do tipo "vamos ver se dá certo e, se não der, a gente para"? Se você segue essa lógica, pode se preparar porque alguém vai sofrer: você, a outra pessoa ou os dois. Você pode achar que o namoro é uma coisa inocente, sem maiores consequências, só um teste para ver se ambos se dão bem. Nada mais longe da verdade — pelo menos para jovens crentes! O namoro deve ser alvo de muita reflexão e oração, até porque as pessoas reagem de maneiras diferentes quando se apaixonam. Não se brinca com os sentimentos dos outros porque você não tem como avaliar as consequências.

Em terceiro lugar, é importante que os jovens — ou, pelo menos, um deles — estejam profissionalmente preparados, ou seja, é preciso ter uma vida financeira orientada e caminhar na direção da formação e do sustento de um lar. Provérbios 24:27 diz: "Termine primeiro o seu trabalho a céu aberto; deixe pronta a sua lavoura. Depois constitua família." Se a função de um homem cristão é alimentar o corpo da sua esposa, como diz Efésios 5, ele é o provedor da casa. Como pode entrar em um processo que visa ao casamento sem um emprego que garanta o sustento? Claro que isso não significa que, para começar a namorar, a pessoa já tenha um emprego maravilhoso, ganhando muito bem; não é isso. Mas precisa, pelo menos, ter uma perspectiva de estar no mercado de trabalho, um objetivo de carreira.

A quarta área é a espiritual. É necessário estar espiritualmente preparado para entrar em um relacionamento no qual você vai ser a referência espiritual de alguém. A pessoa com quem você vai se envolver deve perceber que sua vida está num caminho de crescimento espiritual, e que há um objetivo claro de chegar ao casamento. Na verdade, essa parece ser a área em que a preocupação de dois namorados cristãos deveria ser mais óbvia. Os dois compartilham a mesma fé? Há questões doutrinárias em que existe conflito? Ambos estão cientes de sua responsabilidade na edificação um do outro? Estão orando juntos a respeito do relacionamento? Estão sentindo paz no coração? Se tem algum ruído na comunicação espiritual entre os dois, então há grande chance desse caldo azedar.

Finalmente, é fundamental estar sexualmente preparado para o namoro. Aí você me pergunta: "Como assim?" A verdade é que jovens cristãos precisam ser sóbrios na área sexual para entrar no relacionamento a dois. Imagine, por exemplo, que o rapaz tenha um problema com pornografia ou prostituição. Como ele pode se relacionar com uma moça sem cuidar dessa questão antes mesmo de iniciar o relacionamento? Ele está entrando em comunhão com uma mulher sem estar pronto para amar e respeitar em santidade. Ele já começa um namoro com práticas que levam à destruição do casamento. Além de desrespeitar o relacionamento e pecar contra Deus, ele também está colocando a outra pessoa em risco de contrair uma doença sexualmente transmissível. Isso é irresponsabilidade. Outro exemplo: quando um casal de namorados quer avançar na intimidade antes do casamento, passa do beijo para carícias, uma coisa leva à outra e daqui a pouco estão transando.

A cultura de namoro banalizou o beijo, mas ele é uma preliminar sexual. Estão banalizando algo que foi feito para ser maravilhoso e santo. Quando a sexualidade está torta, o relacionamento também vai entortar. Jovens namorados devem ler o que a Bíblia fala sobre o relacionamento, orar sobre isso e buscar conselho pastoral e de pessoas experientes para saberem se resguardar para o momento propício. E pode ter certeza de que não vão se arrepender.

Aqui na igreja é muito comum os namoros durarem menos de seis meses e já virarem noivado. Alguns não passam de três meses. Há uma expectativa da liderança e dos próprios membros que não demore muito. Qual é o tempo ideal para pedir a moça em noivado?

Tem um pessoal que gosta desse negócio de namoro curtíssimo. Essa turma acha que namoro longo dá mais brecha para Satanás colocar o casal em tentação, que o risco de o rapaz e a moça se abrasarem é maior e assim por diante. Tem pastores que até pressionam os casais de namorados, principalmente os rapazes, para que fiquem noivos logo e também não percam muito tempo no noivado. Por isso é muito comum em certas igrejas a gente ver jovens de vinte e poucos anos, alguns ainda estudando, sem uma profissão estável, casados e passando sufoco porque estão despreparados, sem maturidade para assumir um compromisso dessa envergadura. Tem até casos de moças ainda menores de idade, com seus 16 ou 17 anos, já com a responsabilidade de cuidar de uma casa. Algumas acabam abandonando a escola por isso.

Não estou dizendo que namoros ou noivados devam durar anos e anos. Isso é pouco saudável e muito arriscado para um casal. Não me refiro só à questão sexual; estou falando também do risco de o rapaz e a moça se acostumarem àquela situação, cada um morando na casa de seus pais, encontrando-se apenas na igreja ou para ir ao cinema, por exemplo. Cria-se uma acomodação que pode ser confundida com paciência, e são coisas bem diferentes. Crentes namoram e noivam com a perspectiva de se casar. Só não acho que a pressa seja um bom critério para acelerar o compromisso.

Penso assim: é bom passar um tempo conhecendo a outra pessoa para você saber se aquela é uma boa decisão. Esse período é muito bom para aprender as coisas boas de um potencial futuro cônjuge, mas serve para entender os problemas dele também. E isso é o mais importante, porque viver a vida toda com as virtudes do outro é fácil, mas conviver com os defeitos é bem mais complicado. E é isso que vai determinar se o casamento dura ou não. Você pode chamar esse tempo do que quiser: namoro, amizade intencional, corte, romance real, enfim, qualquer coisa, mas não perca de vista o objetivo: ter tempo para conhecer aquela pessoa para saber se um relacionamento, um compromisso de vida com ela, é realmente uma boa ideia.

Se quer noivar com três meses, está tudo bem, mas para ficar quanto tempo como noivos? Um ano? Legal, parece tempo suficiente para conversar muito, para se entender melhor, mas lembre-se de que, caso chegue à conclusão de que o relacionamento não vai dar certo, o rompimento é mais traumático. Em primeiro lugar, por causa das expectativas. Um casal cristão passa do namoro ao noivado porque está pensando em se casar, certo? Mas, se um dos dois (ou ambos) não se sente em paz e decide parar por ali, o sofrimento tende a ser maior do que terminar um namoro. Isso sem falar nas expectativas externas de pais, parentes, irmãos e liderança da igreja etc. Em segundo lugar, romper um noivado deixa marcas no coração. O rapaz e a moça podem se sentir inseguros de iniciar um novo relacionamento, com medo de que não dê certo de novo. Terceiro, tem o constrangimento de precisar conviver com a mesma pessoa com quem, há algumas semanas ou alguns meses, você estava fazendo planos de casamento ou até comprando enxoval. Por tudo isso, tendo a achar que é melhor um namoro um pouco mais prolongado, que dê mais segurança ao noivado na direção do casamento.

"Mas, pastor, a gente se conhece há muito tempo e tem uma amizade longa." Aí eu até acho que seja uma trilha mais segura. Casamentos rápidos só se justificam a partir de amizades longas. É até melhor assim: o rapaz e a moça passaram muito tempo convivendo como amigos, conhecendo bem o jeito do outro, as coisas de que gostam e de que não gostam, as famílias, as amizades, os gostos, tudo isso sem compromisso de namoro ou de noivado, mesmo que já se gostassem. Já passaram um bom tempo prévio nesse processo, então estão mais seguros quanto a assumir um compromisso para o resto da vida.

Sou de família presbiteriana e frequento a igreja desde criança. Acontece que estou gostando de uma moça metodista que conheci numa programação de intercâmbio. Já conversamos sobre algumas questões doutrinárias e vimos algumas diferenças de opinião. Por exemplo, eu sou calvinista e ela, arminiana. Isso pode ser considerado um jugo desigual?

Não. O jugo desigual é quando um crente entra em relacionamento com um descrente, no sentido de pecado. Isso, sim, é jugo desigual, porque os dois estão em uma situação espiritual diferente: um reconheceu seu pecado, aceitou Jesus como Salvador e se tornou uma nova criatura, por isso serve a Deus com seus dons e talentos; o outro, por sua vez, não quer *neca de pitibiriba* com o Evangelho, não está nem aí para a igreja e continua nas trevas. Enquanto um carrega o jugo de Cristo, que é suave (Mateus 11:28-30), o outro tem sobre si o peso do pecado que o envolve (Hebreus 1). Um anda na luz e o outro, nas trevas, e as duas coisas não se misturam. O texto de 2Coríntios 6:14 resume isso de uma maneira muito clara, sem margem para dúvidas: "Não se ponham em jugo desigual com descrentes. Pois o que têm em comum a justiça e a maldade? Ou que comunhão pode ter a luz com as trevas?" É um texto contra a comunhão eclesiástica com quem vive vidas ímpias, o que serve como um ótimo alerta para a moça ou o rapaz cristão que acha que não tem problema namorar, noivar e casar com uma pessoa fora da fé, acreditando que não vai influenciar sua vida espiritual.

Quer saber de uma coisa? Pela minha experiência (e de muitos outros pastores que conheço), o resultado em geral é uma enorme frustração. Quando a parte não crente do casal não puxa a parte crente para fora, no mínimo, atrapalha a vida espiritual dela. É a esposa não cristã que começa a cobrar para ela o tempo que o marido passa na igreja ou o marido não cristão que não se conforma com o dízimo que a mulher entrega... e isso vai escalando até gerar uma crise conjugal que pode levar à separação. Este é o alerta de Paulo: para que você vai arriscar se meter em um jugo desigual, ainda mais sabendo dessas possíveis consequências? E não adianta usar o argumento de que, quando se casar, o cônjuge vai se converter. Lembre-se do que Paulo diz em 1Coríntios 7:16: "Você, mulher, como sabe se salvará seu marido? Ou você, marido, como sabe se salvará sua mulher?" Qual a garantia que você tem de que vai mudar o jogo e o jugo? (Não resisti a usar o trocadilho.)

Isso é bem diferente de uma situação em que tanto o rapaz quanto a moça são crentes, mas de igrejas com doutrinas diferentes, como é o caso do arminianismo *versus* calvinismo. Os dois creem em Deus, aceitam Jesus como Salvador, acreditam que a salvação é pela graça e desejam servir ao Senhor com sua vida. Não tem diferença de jugo aí. É luz com luz, justiça com justiça, graça com graça. O que pode ocorrer é que discordem em algum ponto doutrinário — por exemplo, um acredita na doutrina da predestinação absoluta enquanto o outro crê no livre-arbítrio. O máximo que pode acontecer, se os dois tiverem bom senso, é alguma discussão, cada um defendendo sua maneira de pensar, mas isso não deve ser motivo para o casal se separar, pois não é um jugo desigual.

Só tem um ponto de atenção nesse caso, e que é bom ser discutido ainda no período de namoro para que ninguém se sinta prejudicado ou enganado: quando os dois se casarem, qual será a igreja em que vão congregar? Vão ficar na presbiteriana calvinista ou na metodista arminiana? O que um e outro se dispõe a ceder para que os dois possam congregar juntos e trabalhar juntos na obra de Deus? Porque não dá para vocês ficarem em igrejas diferentes depois de casados. Isso seria prejudicial para a vida espiritual de vocês. Seriam agendas diferentes, materiais de estudo diferentes e assim por diante. E, quando tiverem filhos, em qual igreja serão criados, ensinados e batizados? Portanto, é melhor que conversem bastante sobre isso para ninguém se queixar depois.

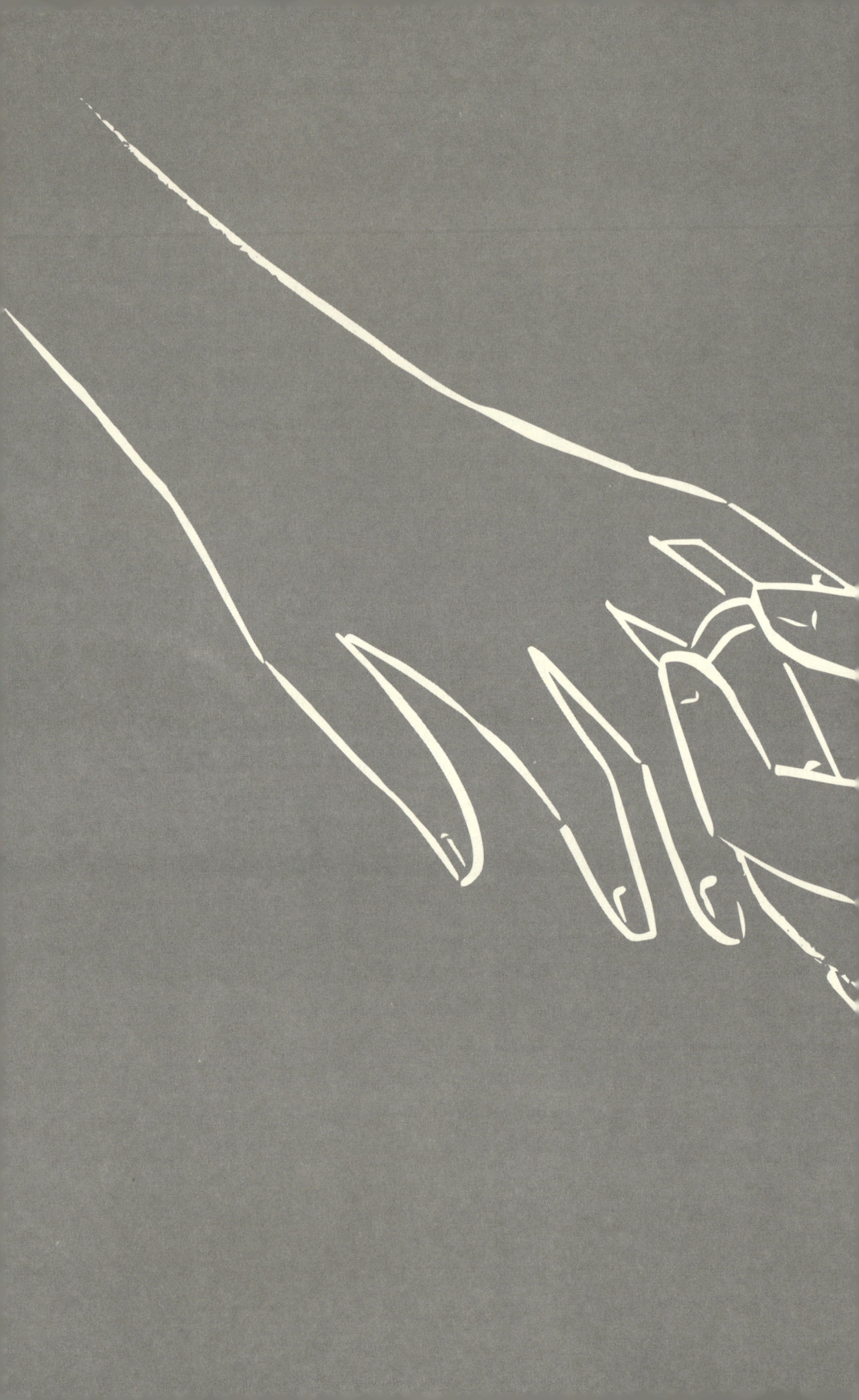

CASAMENTO

Estamos noivos há quase três anos, mas ainda não casamos porque o que ganhamos trabalhando não é suficiente para dar conta das despesas de uma casa, como aluguel, energia elétrica, água, compras e tudo o mais. Os pais de minha noiva, que estão com uma vida financeira mais estabilizada, já disseram que podem nos auxiliar com uma mesada, se resolvermos nos casar. Recém-casados podem receber ajuda dos pais?

Quase todo mundo conhece o caso de alguém que deixou de fazer uma coisa importante na vida, incluindo se casar, por orgulho. É claro que existem situações e situações. Se uma pessoa rejeita receber uma ajuda porque sabe que depois vai ter de pagar um preço alto, como ser manipulado ou ver quem ajudou *jogando na cara essa mãozinha*, então está certa em não aceitar. Mas se o auxílio vem de pessoas que nos amam, que não fazem esse tipo de cobrança mesquinha, que realmente estão interessadas em ver nossa vida progredir e nos abençoar com seus recursos, não há motivo para negar.

Os pais querem a felicidade dos filhos — pelo menos, assim é que deve ser. Normalmente, eles oferecem isso porque também passaram por dificuldades no início do relacionamento deles. Se não receberam ajuda, entendem como as coisas ficam mais difíceis. E se receberam, também sabem como esse impulso inicial faz diferença. Portanto, não se incomode com isso, é algo perfeitamente normal na vida de um jovem casal.

Mas há um cuidado que precisa ser tomado: receber ajuda é uma coisa, mas se casar para ser sustentados pelos pais é outra. É muito cômodo, mas nada correto nem saudável, tomar a decisão de assumir um casamento para viver às custas dos outros. Gênesis 2:24 é bem claro sobre isso: "Por essa razão, o homem deixará pai e mãe e se unirá à sua mulher, e eles se tornarão uma só carne." Um dos objetivos do casamento é que os cônjuges formem uma nova família com autonomia, mas como podem ser autônomos se ficarem a vida toda pendurados na barra dos pais?

O texto de 2Tessalonicenses 3:6-8 foi escrito por Paulo para se referir ao apoio que ele recebia como missionário, mas o conceito vale para qualquer pessoa que se acomoda com esse tipo de situação:

> Irmãos, em nome do nosso Senhor Jesus Cristo nós lhes ordenamos que se afastem de todo irmão que vive ociosamente e não conforme a tradição que receberam de nós. Pois vocês mesmos sabem como devem seguir o nosso exemplo, porque não vivemos ociosamente quando estivemos entre vocês, nem comemos coisa alguma à custa de ninguém. Pelo contrário, trabalhamos arduamente e com fadiga, dia e noite, para não sermos pesados a nenhum de vocês...

Você pode pensar: "Eu casei e meus pais querem mimar a gente, mandando um dinheirinho, comprando umas coisinhas para minha casa." Vocês podem aceitar, se não se sentirem ofendidos. Receber uma ajudinha aqui e acolá, tudo bem. Afinal, eles querem proporcionar uma vida mais confortável aos filhos, isso é natural. Mas lembre-se de que aquilo que o pai dá, o pai também pode tirar, seja porque não tem mais como ajudar ou porque simplesmente mudou de ideia ou brigou com você. Por isso é que não faz bem para recém-casados começar a vida com essa dependência, mesmo que os pais sejam muito ricos.

Não faça essa ajuda ser algo que vai caracterizar sua vida conjugal para sempre. Assim que tiverem os recursos necessários para viverem por conta própria, pagando todas as suas contas sem deixar faltar nada essencial, façam isso, mesmo que tenham de apertar um pouco o cinto. Sejam gratos, mostrem sempre a seus pais que reconhecem a importância desse auxílio na vida de vocês, mas, assim que sentirem que isso é possível, peça a eles que guardem o dinheiro para uma emergência ou usem para ajudar outras pessoas. Nesse caso, não se trata de orgulho, mas de bom senso.

Minha mãe costuma dizer que o risco de cair em pecado é maior quando o namoro dura muito tempo. Ela acha que é melhor não demorar muito a noivar e casar porque, quando namorados demoram muito a assumir um compromisso mais sério, correm o risco de querer transar antes da hora certa. Não sei se ela diz isso por experiência própria ou por medo de que eu a envergonhe. O que acha de namoros curtos?

Independentemente do fato de sua mãe ter passado ou não pela experiência de ter se antecipado ao casamento, o argumento dela é válido. Não me entenda mal, não quero dizer que é uma regra, nem foi o que ela lhe disse. O alerta que ela deu foi para o risco que existe em namoros longos. Não conheço uma estatística específica sobre a incidência de casos de transa antes do casamento entre evangélicos, acredito que nem exista, mas a experiência pastoral indica que isso é mais frequente do que o desejável.

E não é difícil entender a razão. O namoro, mesmo sendo uma instituição cultural relativamente recente, que não tem respaldo na Bíblia, mas que é socialmente aceita, tem a função de levar o rapaz e a moça a se conhecerem melhor, a entenderem os gostos, as manias, os humores e os sonhos um do outro. Em meio a tantas descobertas, é natural que os dois comecem também a identificar seus pontos mais vulneráveis e sensíveis. E não se pode tapar o sol com a peneira: com tanto hormônio circulando nas veias, é instigante mexer onde não se deve. E a coisa só tende a ficar mais quente.

É certo que isso vai gerar culpa. Como cristãos, vocês sabem que devem se manter puros. "A vontade de Deus é que vocês sejam santificados: abstenham-se da imoralidade sexual. Cada um saiba controlar o próprio corpo de maneira santa e honrosa, não com a paixão de desejo desenfreado, como os pagãos que desconhecem a Deus" (1Tessalonicenses 4:3-5). Nesse sentido, o namoro curto tem como propósito a proteção da moça e do rapaz, reduzindo a, digamos, "janela de risco".

Mas — e sempre tem um "mas" no meio da história — não é tão simples assim. Não se pode aplicar essa ideia, por exemplo, a jovens que acabaram de se conhecer. Namoros curtos precisam derivar de amizades longas. Você conhece a pessoa, tem um relacionamento de longo tempo, talvez até anos. Já sabe como ela é, o que ela pensa, do que gosta, do que não gosta, que perspectiva ela tem da vida e se compartilha de fato da mesma fé. Até daria para fazer isso em alguns meses, mas eu ainda acho muito rápido. Acho difícil alguém se conhecer bem em tão pouco tempo.

Pense comigo: você ainda está conhecendo seu namorado, não tem tantas informações sobre ele e ainda não está 100% segura de que vai ser feliz para o resto da vida se casar com ele. Vai se casar logo para quê? Para arriscar? Casamento é uma instituição divina, santa, um pacto de amor, de fidelidade e de companheirismo até que a morte os separe. Não é um jogo, uma brincadeira, uma aposta. Nesse mundão por aí é que as pessoas se casam e descasam sem compromisso, mas, diante de Deus, esse desprezo à santidade do casamento é abominação.

Por isso, namoros curtos que não resultam de uma longa amizade são, para mim, problemáticos e perigosos. Eu até acho que namoros excessivamente longos são um risco desnecessário, mas namoros excessivamente curtos colocam o rapaz e a moça numa situação de risco muito grande, de se casarem com alguém que não conhecem bem. Vou reiterar aqui para não deixar dúvidas: para mim, o que justifica o namoro curto é um relacionamento prévio longo. Exige alguma paciência, eu sei, mas tenho certeza de que o resultado é muito mais garantido. Basta lembrar de 1Tessalonicenses 4:7: "Porque Deus não nos chamou para a impureza, mas para a santidade."

Eu e meu noivo estamos pensando em marcar a data de nosso casamento. Quase todas as mulheres da minha família são crentes, e dizem que eu preciso me casar na igreja. Os homens da família estão divididos, e alguns dizem que o mais importante é registrar o casamento no cartório. Estou na dúvida: o casamento civil é mais importante que o religioso?

Olha, essa pergunta não é simples de responder porque envolve muitos fatores. Pense comigo: o que é o casamento? Um ato civil ou religioso? Antes de tudo, o casamento é um ato familiar. Ele foi instituído por Deus como uma iniciativa dos noivos de "deixar pai e mãe" e se reunir para formar um novo núcleo de família. Vamos supor que estejamos vivendo numa sociedade de milênios atrás, onde não existe o conceito de Estado. Todos ainda são caçadores e coletores, gente que ara a terra, que pesca etc. Nessa sociedade, ainda não existe um sistema organizado de culto a Deus. Mas o casamento existia? Sim! Adão e Eva eram casados. Caim se casou. Os primeiros seres humanos viviam em casais. Ou seja, o casamento existia mesmo em uma sociedade na qual ainda não havia um sistema de governo estabelecido nem cerimônias religiosas organizadas, mas já existia a família porque ela precede o Estado e até mesmo o culto formal. A família é o núcleo litúrgico inicial da sociedade.

Pelo menos na teoria, um casal se forma simplesmente quando decide se juntar e começar uma família, independentemente de passar ou não no cartório ou de celebrar na igreja. Repito: em teoria, certo? Pessoas que moram juntas sem ter passado por um processo jurídico ou um rito religioso podem até dizer: "Não somos casados, a gente está só morando junto." Mesmo não admitindo, elas são casadas, formam uma família. O que acontece é que a sociedade foi ficando cada vez mais complexa, e passou a requerer algumas formalidades públicas para reconhecer certas instituições. Por exemplo, antigamente as pessoas plantavam arroz, milho e outras coisas para trocar por roupas, carne etc., mas hoje não podem mais fazer isso informalmente — ou melhor, até podem, mas essas atividades não são legalmente reconhecidas. Até camelôs precisam de licença para montar sua barraquinha. Temos uma coisa chamada "pessoa jurídica" (o famoso CNPJ) que formaliza publicamente a existência da sua empresa. Basta você nascer para existir, mas é o CPF que vai validar formalmente aquela existência para fins civis e de burocracias com relação à vida social.

O casamento civil existe para validar publicamente aquele ato diante do Estado; e do modo como as igrejas se organizam hoje, espera-se que haja a formalização pública daquele ato de casamento. Eu, como pastor, não celebro casamento e nem aceito como membro da igreja um casal que vive junto, mas não é casado no civil, não é casado "de papel passado", como se diz. Não existe nenhum bom motivo para você não reconhecer publicamente o seu casamento. Deixar de se casar no civil é como ter um filho e não tirar a certidão de nascimento dele. Eu não consigo pensar em nenhum motivo justo para fazer isso. Por que alguém se uniria a outra pessoa para formar um núcleo familiar novo sem reconhecer isso publicamente, em um sentido legal, jurídico? Só se a intenção seja ir embora com mais facilidade. E aí, sinto muito, mas não há nada de cristão ou bíblico nisso.

Tem quem justifique que, ao se casar, a pessoa pode perder a pensão que recebe, como é o caso de filhas de militares solteiras nascidas até alguns anos atrás. É uma lei que só fazia sentido no tempo da guerra, mas foi mantida e muita gente se beneficiou com isso. Mas a resposta é simples: sim, vai perder a pensão. Porque o objetivo de quem usa esse argumento é driblar a justiça, deixar de fazer a coisa certa. É como fingir que não está casado só para enganar o sistema. É errado, é mentira, é fraude. Se tiver de perder a pensão, sendo crente de verdade, você vai perder e se adequar a essa nova configuração de vida que está aceitando para si ao contrair matrimônio.

"Ah, mas se casar é muito caro." Isso também não é argumento. Você pode se casar em cartório com taxa social, é praticamente de graça se o casal comprovar que não tem recursos financeiros. Se você é membro de uma igreja séria com um pastor sério, não vai pagar nada para realizar a cerimônia — no máximo, decorar com algumas flores, e, mesmo assim, não é obrigatório. E, se não dá para fazer uma festa, junte só os pais e os padrinhos em volta de um bolo para fazer umas fotos e pronto. Por tudo isso, case direitinho no civil, que é o reconhecimento público. A cerimônia religiosa é só isso, uma celebração, um culto de ação de graças que passa por um nível de informação e de reconhecimento público daquela comunidade religiosa acerca daquele matrimônio. O casamento religioso é um ritual. O casamento de fato é você deixar pai e mãe e se unir a seu cônjuge.

Já tive algumas namoradas e até uma noiva, mas nenhum desses relacionamentos deu certo. Mesmo gostando delas, eu descobria defeitos e pensava: "Isso não vai funcionar." Tenho um amigo que diz que sou muito exigente, mas o que eu quero é ter certeza de que vou encontrar alguém para viver pelo resto de minha vida. O que devo procurar numa esposa?

A Escritura apresenta muitas características de uma boa esposa. Por mais que hoje em dia tenha virado modinha questionar o texto de Provérbios 31, para mim ainda é claramente o retrato de uma mulher de excelência. Você tem ali muitas características importantes para procurar numa boa esposa: uma pessoa dedicada à família, que ama os filhos, que tem Deus em primeiro lugar em sua vida, que busca o melhor para si e para os seus. É uma mulher diante de quem você reconhece que beleza é pouca coisa quando comparada à grandeza moral de caráter, à vida com o Senhor e à dedicação aos filhos que aquela mulher tem. Para você que procura, acima de tudo, uma mulher que ama o Senhor, que vive para Deus e se entrega ao serviço de Cristo, que vive em arrependimento, que vive em fé, que possui o fruto do espírito, que luta contra as obras da carne e que serve na igreja, essas coisas são fundamentais.

É uma questão de prioridade. Se você é um rapaz cristão que zela por sua vida espiritual, certamente vai querer passar o restante de sua vida de casado ao lado de uma pessoa que compartilha sua fé, que crê em Deus, que aceitou Jesus como Salvador, que vive de acordo com o Evangelho, que ora, que lê a Bíblia. Uma pessoa assim vai ser bênção em sua vida, edificar sua casa e educar seus filhos no temor do Senhor. Essa deve ser a primeira premissa quando se trata de encontrar uma pessoa para viver junto, para formar uma família. A descrição de Provérbios 31:30 é perfeita para sintetizar isso tudo:

"A beleza é enganosa, e a formosura é passageira; mas a mulher que teme ao Senhor será elogiada." Eu conheço e você também deve conhecer um monte de gente que se casou com moças e rapazes bonitos, que chamavam a atenção na igreja, que todo mundo queria namorar e casar, mas o casamento simplesmente não deu certo e ambos foram infelizes porque um dos dois (ou mesmo os dois) não soube edificar o outro espiritualmente.

Só que você pode incluir seus gostos e suas preferências pessoais nesse processo. "Eu quero me casar com uma mulher que estude filosofia"; "A minha esposa tem de ser negra com olhos castanhos e 1,70 metro de altura"; "A mulher ideal para mim tem de ficar em casa cuidando do lar e dos filhos"; e assim por diante. (Eu nem vou entrar aqui na questão de machismo, misoginia e outras discussões que são importantes, mas que não cabem nesta resposta à pergunta proposta.)

O problema de estabelecer esses parâmetros é que, muitas vezes, o rapaz ou o homem está procurando coisas secundárias. Não estou dizendo que inteligência ou atração física não importem nem que sejam coisas ruins. É desejável viver ao lado de alguém que saiba conversar sobre vários assuntos, que desperte seu desejo. Só que é perigoso idealizar um perfil que talvez o faça passar a vida toda sem encontrar uma mulher que se encaixe perfeitamente. Lembra-se do que está escrito em Provérbios 31:10? "Uma esposa exemplar; feliz quem a encontrar!" Ou numa versão mais tradicional: "Mulher virtuosa, quem a achará?" Percebe a ironia da pergunta? Essa mulher ideal, perfeita, é muito difícil de ser encontrada. Talvez você encontre uma pessoa que preencha 70% de sua lista de exigências, e considere isso muito bom. Quem é exigente demais acaba sozinho. E pense bem: será que você também cumpre 100% do que ela espera de um homem ideal?

O resumo de tudo isso é: mantenha o seu padrão cristão. "Eu quero uma mulher cristã, com valores cristãos e que vai trazer o cristianismo para minha casa." Esse deve ser seu primeiro critério. Outras coisas podem ser relevantes para você, mas nunca devem ser mais importantes do que isso.

Eu e minha namorada decidimos ficar noivos e queremos nos casar, mas ainda não temos renda suficiente para pagar o aluguel de uma casa. Meus sogros estão insistindo que a gente more num quarto e sala que construíram no mesmo terreno da casa deles. Estou na dúvida, pois acho que isso vai atrapalhar nossa privacidade e pode haver interferência em nossa vida conjugal. Será que devemos aceitar, mesmo que por um tempo?

Vamos começar com o seguinte: dizem que a distância ideal para se morar em relação aos sogros é longe o suficiente para não ir de chinelo e perto o bastante para não ir de mala. Se consegue chegar de chinelo, significa que tem facilidade para aparecer com muita frequência; se chega de mala, quer dizer que aproveita cada visita para ficar por muito tempo. Deixando a brincadeira de lado, algumas coisas precisam ser consideradas, a começar pelo temperamento, pelo jeitão de seus sogros (e isso vale para o namorado/noivo e para a namorada/noiva). Você percebe que são pessoas intrusivas, *entronas*, que interferem na vida do casal e não têm noção nem respeito pela privacidade? Pior que isso: eles são aqueles sogros que desrespeitam e desqualificam sua autoridade dentro do casamento? Porque respeitar sua privacidade é bom, mas se não acontece o mesmo com sua autoridade, então não adianta.

Uma coisa é aparecer demais na sua casa, que fica dentro do quintal deles. Não é agradável nem muito saudável para um jovem casal ter os pais/sogros o tempo todo no lar recém-criado, até porque a ordem de Deus para quem casa é formar um novo núcleo familiar, mas, se moram no mesmo terreno, não há muito como evitar. Agora, outra coisa bem diferente seria se eles começassem a se meter na vida de vocês, a ditar como devem cuidar da casa e dos filhos ou a botar fogo quando você e sua esposa tiverem um desentendimento e tantas interferências de outras naturezas.

É aquele negócio: quem paga o flautista escolhe a música. Os seus sogros estão sustentando a moradia de vocês ao ceder o quarto e sala que eles construíram. Se vocês resolvem se submeter a isso, vão precisar de disposição para demonstrar certa humildade diante do fato de que estão aceitando uma benesse oferecida por eles. Há um fator atenuante que é o de não morarem na mesma casa. Provavelmente haverá uma entrada comum aos dois imóveis, mas são separados. Só não podem se esquecer de que eles também estão renunciando a alguma privacidade ao ceder o quarto e sala para vocês. Olhando por esse ângulo, as duas famílias estão perdendo alguma coisa. Não dá para esperar que a relação seja igual à que seria caso vocês morassem em um imóvel que alugassem ou comprassem com os próprios recursos.

"Ah, pastor, mas é pecado morar assim tão perto? A Bíblia não manda deixar a casa dos pais para se unir ao cônjuge em outro núcleo familiar?" Olha só, na cultura hebraica, que é para quem essa orientação foi inicialmente entregue, a família estendida morava perto o tempo todo. Sua casa provavelmente seria construída num terreno familiar, e é quase certo que trabalhariam juntos diariamente. Todo mundo era criado meio junto — pais, tios, filhos, avós, netos, sobrinhos etc. Portanto, não há pecado algum em morar perto de pais ou de sogros. O que precisa acontecer é o respeito deles pela nova família que será fundada quando vocês se casarem. Até porque há pais/sogros muito intrusivos mesmo, que querem interferir em tudo, e isso é um desastre. A minha experiência é que isso de morar perto tende a não se tornar sustentável a longo prazo. Conheço até alguns casais que passaram por essa experiência e ficaram bem, mas não muitos. Como dizem por aí, "quem casa quer casa".

Descobri que meu marido beijou outra mulher. Ele mesmo me contou isso. Disse que foi num momento em que se sentiu atraído por uma colega de trabalho, e a oportunidade apareceu numa viagem. Ele me garantiu que não passou de um beijo, e que se sentiu muito culpado. Isso seria um dos motivos bíblicos para justificar o divórcio e um novo casamento?

Opa! Responder a uma pergunta como essa em um texto tão breve é complicado. Cada situação tem sua peculiaridade. Fechar em uma resposta geral pode dar margem a interpretações equivocadas, e eu não posso estar presente em cada caso para avaliar e ajudar. O que eu diria é o seguinte: se você está passando por uma circunstância como essa, procure o seu pastor e oriente seu cônjuge a fazer o mesmo. Seu líder espiritual conhece vocês melhor, e também estará junto para auxiliar no processo que vai surgir daí. Trata-se de uma questão tão específica que vocês precisam abordar a partir da maneira como a comunidade de fé em que vocês congregam vê essa situação. Por isso, o que eu vou escrever a seguir é uma generalização que pode servir como um parâmetro — com base na Bíblia, claro —, mas não substitui o conselho pastoral.

Esse tipo de experiência é muito dura, pois tem relação direta com a questão da confiança. E as pessoas podem reagir de maneiras diferentes. Nos aconselhamentos que envolvem divórcio, adultério, traição e infidelidade, o nível de gravidade da infidelidade acaba influenciando a capacidade da parte traída de oferecer perdão e manter o casamento. Veja bem, não quero dizer com isso que exista um pecado menor ou maior. O fato de não consumar uma relação sexual completa com outra mulher não diminui o fato de que houve algum nível de traição e uma terrível quebra de confiança. O que estou tentando articular é que a extensão do grau de infidelidade pode ser percebida e sentida de maneiras diferentes pela parte traída. Por exemplo, uma pessoa pode considerar um beijo um ato que configura adultério, enquanto outra pode ser capaz de perdoar até mesmo se souber que o cônjuge manteve um caso com outra (ou outro) durante anos.

Veja bem, se um marido que está em um casamento decente, tem uma esposa presente, dedicada e fiel, e mesmo assim se envolve com prostitutas, frequenta casas de massagens, tem uma amante por muito tempo e é pego com a boca na botija nessa traição, isso é um nível de gravidade de adultério muito intenso, muito sério. Mas, ainda assim, é preciso entender o contexto. Esse marido pode ser simplesmente um canalha sem caráter e sem vergonha na cara. Aí é até fácil concluir que ele é mesmo um adúltero inveterado e não merece a esposa que tem. No entanto, pode ser que esse sujeito esteja se envolvendo com outra mulher porque seu casamento não está tão bem. A esposa tem falhado na forma de tratar o marido, tirando a autoridade dele na frente dos filhos e dos outros; ou não tem comparecido sexualmente; ou ainda está se deixando influenciar por amigos e parentes para criar conflitos desnecessários. Dentro desse casamento que não está bom, o marido se vê assediado e comete o erro terrível de trair a esposa, mas se arrepende na mesma hora, chega em casa e confessa, chama o pastor e pede misericórdia e perdão. O ato do adultério é terrível do mesmo jeito, uma coisa horrorosa, uma quebra na aliança, e eu acredito — minha perspectiva bíblica é esta — que existiria permissão para que a esposa se divorciasse. Mas há uma atitude completamente diferente por parte do ofensor, que facilita a possibilidade de reconciliação e de transformação.

Por isso acredito que há situações de adultério em que a possibilidade de perdão por parte do cônjuge ofendido é maior, enquanto em outras é mais difícil de perdoar e permanecer no relacionamento. Em um existe arrependimento genuíno; no outro, não. Em um você tem alguns fatores atenuantes que contribuíram para enfraquecer aquele relacionamento, fazendo com que o adultério se tornasse uma tentação mais forte, mas no outro caso não tem. Não estou fazendo defesa de qualquer justificativa de adultério, certo? O que estou dizendo é que um cônjuge pode tornar o adultério mais ou menos atrativo para o outro a partir da maneira como trata a outra parte. Se o marido trata mal e humilha a esposa o tempo inteiro, claro que as tentações do maligno serão mais fortes — não que isso sirva de desculpa ou reduza a responsabilidade de quem trai, mas é assim que as coisas realmente são. Paulo diz isso com clareza em 1Coríntios 7: se o casal não tem intimidades físicas, Satanás usa isso para tentar com mais força.

    Sobre a pergunta "Pode divorciar?", eu diria que sim, mas que não é recomendável. Certamente um beijo é uma traição consumada, mas é um nível de adultério que deveria ser mais fácil de perdoar e de seguir em frente. Caso o coração da parte ofendida se endureça a ponto de ser impossível manter aquela relação, eu também não forçaria o traído a continuar casado (quem poderia fazer isso?), porém recomendaria fortemente o perdão e a manutenção do casamento. Mas deixo claro: uma resposta específica para isso depende muito do contexto maior do casamento, então procure seu pastor. Para um conselho geral, minha tendência seria dizer: "Tentem ficar juntos. Tente perdoar."

Assisti a um vídeo na internet dizendo que o uso de brinquedos eróticos ajuda a apimentar a relação do casal. Eu tenho curiosidade de usar alguns deles, como cremes, estimuladores e até um vibrador, mas tenho receio de propor isso ao meu marido e ele me achar vulgar. O que o senhor acha?

Para começar, eu acho o seguinte: você não deveria ter receio de propor coisas a seu marido, certo? Você acha que ele pode considerar vulgar, mas vulgar mesmo é o pecado, é aquilo que a Bíblia condena. Se você estivesse propondo sexo a três, uso de pornografia, troca de casais ou qualquer outro tipo de imoralidade claramente condenada pelas Escrituras, aí sim seu marido poderia achar vulgar. Estamos falando de escolher o caminho do pecado para apimentar a relação. Agora, outras formas de manifestação da sexualidade que se dá entre os dois pode até ser considerado "vulgar" em termos sociais, mas, como está acontecendo no contexto do casamento, é uma decisão que vocês devem tomar juntos, seguindo sua consciência cristã. O que não deve acontecer é vocês deixarem de discutir as possibilidades por medo ou receio do que o outro vai achar. Afinal de contas, trata-se da vida sexual de vocês, da intimidade que vocês compartilham. Se não há uma condenação clara na Bíblia, vocês podem discutir naturalmente as possibilidades.

Se um casal não consegue falar de sua sexualidade e de seus desejos um para o outro, com quem mais poderiam falar? É importante que vocês conversem sobre esse tipo de assunto com a mesma naturalidade que falam sobre outras coisas relacionadas ao casamento. É claro que falar sobre intimidade, por ser um assunto menos trivial que as contas a pagar ou a decisão de qual vai ser o almoço, pode gerar inicialmente um pouco mais de constrangimento. No entanto, isso também faz parte da vida. À medida que você e seu marido passam a tratar da sua intimidade com frequência, o assunto vai ficando mais natural. Outro ponto importante: deixem claro um ao outro que podem falar abertamente sobre seus desejos sem vergonha ou restrição. Se o outro tem alguma objeção, alguma dificuldade ou algum bloqueio, é conversando que vocês podem chegar à conclusão de que fazer isso ou aquilo — usar estimuladores ou brinquedos sexuais, por exemplo — pode fazer parte ou não de sua intimidade. Mas só dá para decidir essas coisas se puderem conversar sobre isso sem medo.

E tudo isso que você acabou de ler está de acordo com a Escritura. Lembre-se de que a vergonha entrou no mundo por causa do pecado. Adão e Eva usaram folhas para se cobrir porque passaram a se sentir envergonhados depois de ceder à tentação do pecado. É como se estivessem se defendendo um do outro. Mas originariamente (antes da entrada do pecado no Éden) isso não era necessário. Um casamento redimido não tem motivos para cobrir sua nudez — e aqui, ao me referir à nudez, não estou falando só de um ficar pelado na frente do outro, mas também dessas questões da alma, dessas vontades que vocês podem manifestar numa conversa franca a dois. É nesse ambiente maduro de diálogo que vocês podem aceitar ou rejeitar sugestões, vontades e propostas. Esse, pelo menos, deve ser o modelo de um relacionamento sadio.

Coisas como usar um creminho ou um recurso eletrônico para estimular a libido são pecaminosas por si? Não dá para dizer isso tomando por base um versículo ou trecho da Bíblia porque você não vai encontrar nada específico a respeito. O cuidado a ser tomado é que o uso desse tipo de artifício não atrapalhe a vida sexual de vocês a ponto de o casal se tornar dependente de recursos externos para alcançar o prazer na relação sexual. É preciso tomar cuidado porque a iniciativa de usar essas coisas pode surgir de fontes ruins, como pornografia ou algum tipo de tédio ou marasmo na vida sexual. Se for esse o caso, então a questão precisa ser resolvida antes do uso desses recursos. Eles não podem ser usados como muletas para solucionar um descontentamento em relação à intimidade do casal. Pode até ser um paliativo, mas não vai tratar o problema na raiz. É preciso um esforço consciente do casal na direção um do outro, com conversa franca sobre o que está produzindo essa insatisfação. Abra o coração para entender as expectativas de seu cônjuge e até para analisar se há uma questão que pode ser tratada com ajuda médica ou psicológica.

É muito provável que, depois de discutir o assunto e tomar algumas iniciativas, a vida sexual de vocês melhore tanto que nem precisem de brinquedos sexuais. E se, mesmo assim, quiserem usar para melhorar ainda mais o que já é muito bom, aí vai da cabeça de vocês. Tomando esses cuidados, divirtam-se sem frescura!

Eu e meu noivo trabalhamos e pretendemos nos casar em seis meses. Já fizemos os cálculos e o que ganhamos é suficiente para as despesas de aluguel, compras e contas diversas, além do dízimo. Mas ainda estamos na dúvida se devemos fazer um orçamento único somando tudo o que ganhamos ou se devemos dividir quais despesas serão de um ou do outro. Qual é o seu conselho?

Que pergunta legal! Estranhamente, conheço muitos casais que trabalham com contas bancárias separadas. Ele ganha uma grana, ela também ganha, cada um deles fica responsável pelo pagamento de determinados boletos e despesas específicas e guarda o que sobra para si. É como se fossem sócios: combinam quem paga o quê, mas, se restar algum dinheiro depois de tudo quitado, cada um cuida de suas finanças, muitas vezes sem dar a menor satisfação ao outro. Vou dar aqui minha opinião: acho isso muito estranho. Pessoalmente, não me agrada esse tipo de arranjo. A Bíblia fala especificamente sobre a melhor maneira de administrar os recursos domésticos? Não, você não vai encontrar uma planilha com receitas e despesas familiares no Antigo Testamento nem no Novo Testamento. Ainda assim, eu acho esse tipo de divisão tão delimitada do orçamento muito esquisita. Entendo que algumas pessoas com idade mais avançada foram criadas assim e não conseguem fazer de outra forma. Às vezes, macaco velho não aprende truque novo. Porém, se vocês são um casal mais jovem e conseguem lidar com uma cultura de gestão única do dinheiro, melhor iniciar o casamento assim: ambos entendem que todo o dinheiro recebido é dos dois. Qualquer receita para compor o orçamento é da família, e esse montante único será usado para pagar as contas e as despesas, assim como dízimos e ofertas. Se sobrar alguma coisa, o destino desse dinheiro será decidido pelo casal, e não somente pelo responsável pela entrada financeira maior.

Quer ver uma coisa que me soa muito estranha? É esse negócio de marido emprestar dinheiro para esposa, e vice-versa. Os dois ficam anotando quanto um deve ao outro, quando e como vão pagar, como se fosse um casal de banqueiros ou agiotas. Isso geralmente dá problema — por exemplo, vai ter sempre o caso de o dinheiro de um acabar antes, ou então de o marido ou a mulher ganhar mais. Aí o que vai emprestar começa a usar isso para chantagear ou jogar alguma coisa na cara do cônjuge. Não é nada saudável para um relacionamento em que deve haver confiança e desejo de que a família tenha segurança e tranquilidade financeira. Tendo um orçamento único, mesmo que um ganhe melhor e, por isso, contribua financeiramente mais do que o outro, junta-se tudo em uma conta conjunta (também podem ser contas individuais, mas com acesso de ambos) e paga-se o que for necessário a partir daí. Sobrou algum dinheiro? Os dois resolvem se aquilo vai para uma reserva de emergência, para uma poupança específica para a viagem de férias ou para a compra de uma TV de sessenta polegadas supermoderna, por exemplo. É uma decisão conjunta, familiar.

Logicamente, não estamos falando aqui de discutir cada despesinha mínima. "Tenho de comprar o pão e o leite de manhã"; ou "Preciso comprar uma cueca, vamos sentar para discutir essa despesa". Claro que isso é um exagero. Independentemente de quem ganha mais, é bom que cada cônjuge tenha uma conta própria com algum montante de dinheiro para essas despesas do dia a dia, coisas mais simples que não exijam uma saída de recursos muito elevada nem prestação de contas um para o outro. Além disso, a gente sabe que o mais comum na maioria das famílias é que a mulher não trabalhe ou ganhe menos (e não vamos entrar no mérito da isonomia, que é outra questão que este livro não se presta a discutir). Se não tiver acesso ao dinheiro da família, ela é obrigada a ficar pedindo dinheiro ao marido o tempo todo. Isso é até meio humilhante. Mesmo quando não trabalha fora, a mulher exerce uma função importantíssima e não remunerada em casa. Não faz sentido ainda ter de pedir ao marido para fazer um Pix ou para emprestar o cartão de crédito.

Minha esposa não trabalha fora, mas administra comigo nosso orçamento. Ela tem um cartão de crédito e uma conta bancária que mantemos com algum dinheiro para ela poder utilizar para o que for necessário. Se for preciso, um dos dois avisa e então fazemos transferências de uma conta para outra, mas ambos sabemos de quanto dinheiro dispomos. O mais importante é isto: que haja acesso amplo e fácil, tanto do marido quanto da esposa, aos recursos financeiros do casal, da família. Conheço muitas mulheres — porque geralmente são elas — que não possuem conta bancária nem cartão, não sabem quanto o marido ganha nem quanto dinheiro está disponível na conta. Isso é muito grave e pode causar prejuízos sérios ao relacionamento. E ainda há o problema de quando um ou outro cônjuge é meio descompensado e sai gastando o dinheiro sem nenhum critério. Imagine a crise que isso causa no casamento. Só que não é dividindo o dinheiro meio a meio que vão resolver. Precisam fazer juntos a gestão de qualquer recurso financeiro. Se o casal forma um só corpo, o dinheiro também tem de ser um só.

Eu fico até com vergonha de dizer, mas tive um passado promíscuo. Eu achava que, como mulher, tinha o mesmo direito dos homens de dormir com quem eu quisesse, sem compromisso. Depois que me converti, conheci o rapaz que se tornou meu marido, mas sinto que me reprimi no relacionamento com ele. O que devo fazer?

Olha, aí está uma pergunta importante, viu? Exige um nível de autocompreensão muito grande. Muitas vezes, as pessoas não conseguem perceber o que está acontecendo com elas, não se dão conta de quanto estão se reprimindo sexualmente por causa de um passado promíscuo. Eu posso entender o conflito. Muitas vezes, a sexualidade está atrelada ao pecado, principalmente quando a pessoa não conhecia limites. Depois da conversão, tudo aquilo que ela viveu passa a representar o passado para o qual a pessoa morreu e renasceu em Cristo. E é muito comum sentir desconforto e até nojo da própria sexualidade. Quando entra no casamento, você começa a associar todo aquele sentimento ruim ao sexo com seu cônjuge.

Sei que vai parecer linguagem de *coaching*, mas vou usar mesmo assim: você precisa reconfigurar essa área em sua vida, ressignificar o sexo em sua mente. Fora do casamento, ele até podia ser promíscuo, errado, feio; mas agora, dentro da união com seu marido, o sexo é santo, puro e belo. Tudo aquilo que você fazia de maneira irresponsável, descompromissada e que considerava promiscuidade agora ganha contornos de santidade, de amor e de beleza. O sexo fora do casamento e as coisas de seu passado não eram promiscuidade pelo que você fazia em si, mas pelo contexto em que era feito, com quem era feito. O sexo com estranhos e sem compromisso era pecado por causa dessas circunstâncias, mas agora, com o seu marido, aquilo que proporciona alegria e prazer aos dois faz parte de algo santo, belo e puro, aprovado e abençoado por Deus. É para a glória de Deus que vocês tenham intimidade física. Deus é glorificado em cada oportunidade de se entregar um ao outro.

Ao se reprimir, você ainda está agindo como resultado de uma culpa que não tem mais razão de ser. Jesus Cristo morreu na cruz para carregar os nossos pecados, sejam eles quais forem. Todas as nossas culpas foram levadas com ele para a cruz. E o fato de o passado ainda incomodar você é sinal de que houve real arrependimento. A partir daí, a palavra do Salvador para você foi a mesma daquela mulher que estava para ser apedrejada por ser adúltera: "Eu também não a condeno. Agora vá e abandone sua vida de pecado" (João 8:11). Você já fez isso, abandonou a promiscuidade — esse sim era o pecado de seu passado. Não há mais condenação. Pode tirar esse peso de seu coração.

Agora é hora de você voltar a reconhecer seu corpo como uma coisa santa, e que o sexo é uma criação divina. Foi Deus quem nos criou com os órgãos sexuais. Ele colocou as terminações nervosas ali, e fez com que aquelas áreas e aqueles pontos específicos do corpo fornecessem prazer. Foi Deus também que concedeu o desejo de um pelo outro. Ou seja, Deus está nisso tudo. Em Cristo Jesus, todo o passado sexual já foi pago, plenamente apagado. Todo o contrato de dívida foi pago por Jesus na Cruz. Por isso, você não precisa ter medo de se entregar sexualmente ao seu marido nem de viver sua sexualidade plena. Busque o prazer na relação com ele sem se sentir suja ou impura porque Jesus já pagou tudo. Na verdade, à medida que você se entrega ao seu marido sem medo, sem angústias, sem se reprimir, está reafirmando sua nova vida em Cristo. Ao sentir a alegria no ato sexual com seu marido e dar a ele alegria e prazer de uma forma que Deus aprova, você confirma a obra redentora de Jesus em sua vida. E isso para o benefício da pessoa que você ama e para sua própria alegria também.

Mesmo se conscientizando disso, é possível que ainda reste algum bloqueio. Pode ser que uma ajuda externa auxilie você nesse processo — aconselhamento conjugal ou psicanálise, por exemplo. Mas, no que diz respeito à sua vida espiritual, pode ficar em paz, na certeza de que a questão já foi resolvida por Jesus na cruz.

Nasci e fui criada na igreja e sempre fui ensinada que a mulher deve suportar tudo para manter seu casamento. Acontece que meu marido é uma pessoa rude, que me ofende com frequência e às vezes me humilha diante de outras pessoas. Certa vez, chegou a me empurrar contra a parede e me deu um tapa durante uma discussão. Estou sofrendo, mas não tenho nenhuma evidência de que ele tenha cometido adultério. Devo continuar nesse relacionamento ou há justificativa para o divórcio?

Essa pergunta trata de um tema extremamente sério que, infelizmente, não vem sendo tratado pelas igrejas como deveria. Violência, risco à integridade física e abuso dessa natureza certamente é algo que permite a você a possibilidade de sair de casa em nome de sua segurança. Não existe voto matrimonial que justifique o silêncio quando se trata de agressão, até porque esse tipo de atitude por parte de um homem não só é um pecado grave, como também é crime. Nenhuma mulher pode consentir com atos de violência contra si mesma. No entanto, é importantíssimo que você tome uma iniciativa debaixo da supervisão e da assistência da liderança de sua igreja, do acompanhamento de seu pastor. Você não pode ficar sozinha nessa situação. Tem de procurar a polícia e abrir um boletim de ocorrência, se for o caso. Eu gostaria muito de dizer que isso não acontece em lares cristãos, seria o ideal, mas a realidade é outra, infelizmente. É claro que isso não é uma regra entre casais evangélicos — e graças a Deus por isso porque, se a violência doméstica fosse naturalizada num ambiente cristão, isso seria o fim da picada e alguma coisa estaria muito errada. Porém, não dá para fechar os olhos e fingir que isso nunca acontece.

Eu tenho a convicção de que existem bases bíblicas para o divórcio nesses casos, e não apenas por causa do adultério. O texto de Deuteronômio 24:1-4 fala de condições sob as quais o divórcio poderia ser aceito dentro da cultura religiosa judaica e da lei mosaica:

> Se um homem casar-se com uma mulher e depois não a quiser mais por encontrar nela algo que ele reprova, dará certidão de divórcio à mulher e a mandará embora. Se, depois de sair da casa, ela se tornar mulher de outro homem, e o seu segundo marido não gostar mais dela, lhe dará certidão de divórcio, e mandará embora a mulher. Ou também, se ele morrer, o primeiro marido, que se divorciou dela, não poderá casar-se com ela de novo, visto que ela foi contaminada. Seria detestável para o Senhor. Não tragam pecado sobre a terra que o Senhor, o seu Deus, lhes dá por herança.

Note que é claro aqui o objetivo de proteger a esposa. O texto fala para o homem, e restringe a iniciativa masculina de desprezar a mulher de maneira apressada. É como se Deus estivesse dizendo: "Se você dispensar sua esposa e ela se casar com outro, não poderá tê-la de volta depois. Portanto, pense bem antes de dar a ela uma carta de divórcio. Depois não vá ficar chorando as pitangas." Mas o conceito de "algo que ele [o marido] reprova" dá margem para uma interpretação ampla, e até entre os judeus isso causava controvérsia. Aí vem Jesus e retoma a questão a partir de um ponto de vista criacional: "Assim, eles já não são dois, mas sim uma só carne. Portanto, o que Deus uniu, ninguém o separe" (Mateus 19:6). Isso significa que o divórcio não é a vontade e o plano do Senhor para a vida de um casal, nem que o saci cruze as pernas. Mas, logo em seguida, no versículo 7, os fariseus falam sobre a carta de divórcio, e Jesus explica, no versículo 8, que isso era uma concessão por causa da dureza do coração humano. E, no versículo 9, ele fala da cláusula específica de exceção, que é o adultério.

No entanto, eu já publiquei vários vídeos sobre a questão do divórcio, e neles falo sobre um conceito chamado "absolutismo graduado". Segundo essa perspectiva, defendida por Norman Geisler no livro *Ética cristã* (publicado pela editora Vida Nova), a vida de uma pessoa é muito mais valiosa do que a manutenção da aliança de um casamento. Esse conflito ético fica mais evidente no contexto de um matrimônio em que há violência e abuso físico. Eu preciso, como cristão, defender um casamento tanto quanto possível, mas também é meu dever defender a vida dos riscos que uma pessoa pode correr. Em outras palavras, diante de dois problemas — um casamento em crise e uma vida ameaçada —, eu escolho qual deles é prioritário, e será a vida da pessoa que corre qualquer risco. Este caso, portanto, seria incluído nas condições que permitiriam o divórcio.

Até algum tempo atrás, eu diria que isso justificaria o divórcio, mas não outro casamento por parte da pessoa ameaçada (quase sempre, a mulher). Ela teria o direito de se separar, mas não deveria se casar de novo, a não ser que o ex-cônjuge adulterasse, o que a liberaria para um novo casamento. Eu mudei de posição, e hoje acredito que a violência, por si só, já representa uma cláusula que permite não apenas o divórcio, mas também um novo casamento. Sei que há pessoas que não pensam assim, e eu mesmo não pensava, mas revi minha teologia nesse sentido.

O que não é aceitável, em hipótese alguma, em minha opinião, é a ideia defendida por muitos pastores e teólogos, alguns de renome, de que a mulher deve aguentar a violência sem sair de casa — no máximo, ir para a casa da mãe ou de uma amiga com os filhos se o marido chega em casa bêbado ou drogado, querendo bater em todo mundo, mas tem de voltar no dia seguinte. Eles alegam que o sofrimento faz parte da vida de um cristão e que, num casamento abusivo, a mulher deveria lutar pela conversão do marido, mesmo que isso signifique apanhar com frequência. Eu acredito, porém, que essa postura coloca irmãs e irmãos em Cristo em extrema vulnerabilidade. Claro que, como pastor, meu esforço é para que casais evitem o divórcio, mas não posso ser inconsequente e ignorar os riscos envolvidos, inclusive de atentado contra a vida de alguém.

Se o adultério ou o abandono são justificativas para o divórcio, a violência também é. Além disso, 1Coríntios 7:15 afirma: "Todavia, se o crente separar-se, que se separe. Em tais casos, o irmão ou a irmã não está sujeito à servidão; Deus nos chamou para vivermos em paz." Wayne Grudem argumenta que o uso do plural no trecho "em tais casos" indica que Paulo estava pensando não apenas no adultério e no abandono literais, mas também em casos similares. Isso, para mim, faz todo sentido.

Tem uma irmã de uma dessas igrejas bem tradicionais que posta vídeos dizendo que a relação sexual entre casais só pode acontecer na posição "papai e mamãe". Eu e meu marido gostamos de experimentar posições diferentes e até lugares diferentes. Será que estamos em pecado?

Não, minha irmã, não se preocupe. Vocês não estão em pecado. Sei quem é essa irmã, já assisti a vários vídeos que ela postou. É uma crente *beeeem* tradicional, conservadora, traz umas revelações da cabeça dela, condenando várias coisas e dizendo que a única posição sexual que a Bíblia permite é a mais comum, chamada no Brasil de "papai e mamãe". Só como curiosidade, nos Estados Unidos essa posição é chamada de "missionary", acredita-se que por conta da defesa que os missionários cristãos faziam desse tipo de posição durante o período colonial. Mas, voltando à sua pergunta, a Escritura não condena esses tipos diferentes de manifestação da sexualidade entre pessoas casadas. (Obviamente, isso não vale para solteiros ou noivos.)

A Bíblia até fala de posições sexuais no livro de Cantares. É uma parte do Novo Testamento que aborda com frequência a sexualidade e envolve interesses amplos. Você vai encontrar referências a seios, como em 1:13 e 7:7 (também presente no livro de Provérbios 5:19), entre outras. Também vai achar trechos falando de umbigo (Cantares 7:2), pernas (5:5), coisas colocadas na boca do parceiro (2:3) e assim por diante (7:6). São descrições poéticas e muito bonitas sobre a sexualidade, falando dela de forma clara. Portanto, restringir a intimidade física de um casal cristão a um tipo de posição sexual apenas é inventar condenações que não estão na Bíblia. Podem experimentar o que vocês acharem que é mais satisfatório, contanto que ambos concordem, sintam-se bem e não cause nenhum tipo de desconforto ou dano físico.

Se a irmã tradicional que faz postagens achar que para ela sexo só pode ser feito na posição "papai e mamãe" e quiser impor essa regra sobre a vida dela, tudo certo. Está lá no capítulo 14 de Romanos: se você se impõe alguma coisa, é um problema seu, mas não pressuponha que todo mundo tem de carregar o mesmo jugo. Cada um responde por si perante o Senhor.

Agora, quando você fala de "lugares diferentes", a gente precisa saber o que isso significa. O que você está dizendo quando usa essa expressão? É fazer sexo na mesa da cozinha? É no sofá da sala? É em pé dentro do box do banheiro? OK, se os dois querem e isso proporciona prazer, tudo bem. Mas vamos combinar uma coisa: quando decidirem tentar uma intimidade em um "lugar diferente", tomem cuidado para não incidir em nenhum crime, certo? Você não pode cometer nenhum atentado ao pudor, do tipo fazer sexo num beco ou atrás do muro de um terreno baldio, entre outros lugares impróprios. Além de poderem ser presos por isso, vocês ainda arriscam ser assaltados, agredidos ou mesmo violentados por bandidos. A adrenalina não compensa os riscos envolvidos. Sem contar com o péssimo testemunho que darão.

Também é importante não inventar de ter relações sexuais em lugares em que possam expor outras pessoas, sejam elas parentes, amigos ou desconhecidos, à sua sexualidade — principalmente seus filhos! Digo isso porque há casais que não têm o bom senso de tomar cuidado e fazem sexo na sala com o filho pequeno ou a sogra podendo aparecer a qualquer momento. Já vi postagem de cristão dizendo que o quarto do casal não tem porta e que, por mais de uma vez, os filhos flagraram os dois "na hora H, kkkk". Espere aí, nada de kkk! Isso não tem cabimento. É um absurdo uma criança pegar os pais transando por pura irresponsabilidade do casal. Se quer fazer sexo em qualquer aposento ou sem trancar a porta, então certifique-se de que os filhos estão na casa dos avós e que não haja mais ninguém na casa.

Por isso é que o nome da coisa é "intimidade": porque é algo íntimo, pessoal, privado, que o homem e a mulher casados fazem apenas um com o outro e sem ninguém mais presente. Se o lugar escolhido oferecer algum perigo de ser flagrado por outra pessoa, então não façam ou procurem outro lugar.

Resumindo, quando a questão é saber quais são os "lugares diferentes" em que um casal cristão pode ter intimidade física no contexto do casamento, a orientação é simples: evitar situações que causem constrangimento ao casal e aos outros, incluindo familiares, e nunca fazer sexo em lugares que coloquem os dois em uma circunstância que represente ameaça à vida.

Minha esposa teve uma criação muito conservadora, e até pouco tempo atrás, ela não admitia a hipótese de entrar em um motel comigo. Dizia que não era ambiente para crentes. Recentemente, depois de eu insistir que poderia ser divertido mudar de ares de vez em quando para apimentar a relação, ela começou a admitir essa hipótese. Um casal cristão pode ir a um motel?

Sei que essa resposta pode render polêmica, mas, como a pergunta foi dirigida a mim, vou dar a minha opinião. Sim, pode. Você não vai encontrar nada na Escritura que condene explicitamente estar em um ambiente desse tipo. Alguns podem dizer: "Ah, mas naquele tempo não existia motel, por isso que a Bíblia não fala nada." Sim, é verdade, não existia o motel como conhecemos hoje, mas também não encontramos alguma passagem que permita ser interpretada como proibição a entrar em um motel. Algumas pessoas se sentem meio escandalizadas com o que um motel representa. Afinal, é um lugar em que as pessoas normalmente entram para fazer sexo, embora ele também sirva para um motorista passar a noite antes de seguir viagem. Mas, de maneira geral, as pessoas associam motel a um lugar frequentado por adúlteros, mulheres e rapazes envolvidos com prostituição, namorados que mantêm relações íntimas como se fossem casados, entre outras formas de pecado.

Agora, acompanhe meu raciocínio e veja que coisa curiosa: quando a gente fala que vai se hospedar em um hotel ou em uma pousada com a esposa, em vez de motel, ninguém fica escandalizado — mesmo que eu entre nesse quarto de hotel ou nessa pousada para aproveitar algumas horas de intimidade com minha esposa! No motel, o que eu e ela vamos fazer é pecado, mas na pousada ou no hotel, não é. Por que essa diferença? No fim, o pecado está na cabeça de quem reprova esse ambiente sem entender que, seja um quarto de hotel ou de motel, trata-se de um cômodo que você aluga para seu deleite ou prazer. É muito conhecido que a área hoteleira de muitas cidades é constantemente frequentada por prostitutas, mas ninguém acha que é pecado pegar uma diária em um hotel na beira da praia com a esposa. Tecnicamente falando, não tem problema ir a um motel, desde que a pessoa faça isso com sua esposa ou seu marido. É a única hipótese aceitável. Namorados e noivos não têm de frequentar motel simplesmente porque ainda não devem ter relações íntimas, seja qual for o lugar — motel, pousada, carro etc. De acordo com a Bíblia, isso é prerrogativa de casados.

Aliás, dá para estender a resposta e contemplar também quem tem dúvida se um casal cristão pode fazer amor dentro de um carro. Os princípios são os mesmos. Primeiro, são casados? Se não são, essa relação íntima será pecaminosa — não por causa do carro, mas por causa da situação dos dois diante de Deus. No entanto, caso sejam, não tem nada na Bíblia que diga que não podem (no caso do carro, é importante que você esteja em sua própria garagem ou em algum espaço mais privativo, pelo menos). Vai da criatividade de cada um, até porque fazer isso dentro de um carro pode ser desconfortável, principalmente se for um desses modelos compactos. Aí vira exercício de contorcionismo, mas cada um dá conta do que deve fazer. Só que entra um outro elemento importante que precisa ser considerado, que é a questão da segurança. Onde é que você vai estacionar seu carro para fazer isso? Na rua, colocando em risco sua esposa? Ou no meio do mato, correndo perigo de ser atacado por alguém? Isso seria uma irresponsabilidade e uma displicência absurdas. Se é para fazer uma coisa diferente para apimentar a relação, então escolha um lugar seguro. Pode ser até a garagem de sua casa, desde que não vire um cinema pornô para seus vizinhos e que você tenha certeza de que seus filhos estão dormindo na casa dos avós.

Dito tudo isso, falta tocar em uma questão, que é a consciência de cada um. Você diz que sua esposa teve uma criação conservadora, e que, para ela, motel está associado a um lugar de pecado. Se for assim, não force a barra. Se ela não quer ir, respeite a vontade de sua mulher. Ninguém deve ser obrigado a fazer algo que vá contra sua consciência. Romanos 14:22 diz que feliz é a pessoa que não se condena (que não se sente culpada) naquilo que aprova. Se sua esposa acha que o motel é um ambiente onde ela se sente mal, a própria experiência de ter relações íntimas naquele lugar não será tão agradável. Converse com ela e pensem em outras maneiras criativas e originais de colocar um temperinho diferente na vida sexual de vocês.

AGRADECIMENTOS

Todo livro é um trabalho coletivo. Normalmente, só aparece o nome do autor na capa, mas outros trabalharam tanto quanto o escritor para garantir um produto que seja edificante para o leitor.

Matheus Fernandes, meu assistente no Instituto Schaeffer de Teologia e Cultura, fez o trabalho hercúleo de assistir a todos os vídeos do Dois Dedos de Teologia no YouTube e selecionar cada uma das respostas que dei sobre namoro, noivado, casamento e sexualidade. Não foi nada fácil — e não sei como ele não se enjoou de ouvir minha voz ainda. Obrigado, Matheus!

Depois disto, todo o material foi compilado, transformado em texto e adaptado a uma linguagem literária. A qualidade da escrita é mérito do copidesque de Fernanda Lutfi, da revisão de Anna Beatriz Seilhe e da adaptação e edição de Omar Souza. Tudo debaixo da produção editorial de Adriana Torres, Júlia Ribeiro e Juliana Borel e da diretoria editorial de Daniele Cajueiro. É muito talento unido em prol de um material que glorifique a Deus e edifique seu povo. Obrigado a todas vocês!

Devo ao Omar muito do mérito deste livro. Veio dele não apenas a ideia inicial, mas também o trabalho de unir respostas parecidas, reorganizar meus argumentos, pesquisar algumas referências, desenvolver ideias truncadas e imprimir minha linguagem ao texto do livro. Quando imaginei que receberia da editora um esqueleto de livro para que eu desenvolvesse, recebi um material que poderia ser publicado tal como estava. Claro, isso foi possível pela quantidade de material em vídeo que eles possuíam como base, mas não posso negar que Omar Souza foi mais que um editor, mas quase coautor da obra. Para mim, foi muito mais fácil desenvolver o texto final do livro com base no que recebi. É o tipo de coisa rara de encontrar no mercado editorial cristão. Obrigado, Omar!

O trabalho gráfico deu o toque final pelo qual todo autor anseia. A diagramação ficou com Janaína Salgueiro e a capa com Tiago Gouvêa. Muito obrigado pelo carinho que embelezou minhas palavras!

Tudo o que já falei sobre namoro, casamento e família veio do que aprendi com as Escrituras, com o pastorado na Batista Maanaim e com o casamento com a Isa, com quem namoro há 16 anos. Só posso agradecer ao meu Deus, por me salvar e me trazer ao seu Reino, à minha igreja, por permitir que seu pastor passe bastante tempo dedicado à escrita e à minha esposa, por todo dia me fazer aprender mais sobre a bondade de Deus em um lar firmado na rocha. Glória a Deus!

DIREÇÃO EDITORIAL
Daniele Cajueiro

EDITOR RESPONSÁVEL
Omar Souza

PRODUÇÃO EDITORIAL
Adriana Torres
Júlia Ribeiro
Juliana Borel

ADAPTAÇÃO E REDAÇÃO
Omar Souza

COPIDESQUE
Fernanda Lutfi

REVISÃO
Anna Beatriz Seilhe

CAPA E PROJETO GRÁFICO DE MIOLO
Tiago Gouvêa

DIAGRAMAÇÃO
S2 Books

Este livro foi impresso em 2024, pela Reproset,
para a Novo Céu. O papel do miolo é pólen 70g/m² e o da capa é cartão 250g/m².